이 소중한 책을

특별히 _____ 님께

드립니다.

주님께 드리는 내 영혼의 묵상시 365

지은이 | 강영희
발행인 | 김용호
발행처 | 나침반출판사

제1판 발행 | 2022년 12월 1일

등   록 | 1980년 3월 18일 / 제 2-32호
본   사 | 07547 서울특별시 강서구 양천로 583
         블루나인 비즈니스센터 B동 1607호
전   화 | 본사 (02) 2279-6321 / 영업부 (031) 932-3205
팩   스 | 본사 (02) 2275-6003 / 영업부 (031) 932-3207
홈   피 | www.nabook.net
이   멜 | nabook365@hanmail.net

일러스트 제공 | 게티이미지뱅크

ISBN ISBN 978-89-318-1648-8
책번호 가-9090

값은 뒤표지에 있습니다.

영혼의 오솔길

주님께 드리는
내 영혼의 묵상시
365

믿음 안에서 누리는 절실한 은혜를
어려운 시련 속의 성도들과 함께 나누는 시

강영희 지음

나침반

어려운 시련 속에서 의지할 곳 없을 때…

돌아보면 한평생 믿음으로 산다고 하면서도 제대로 된 삶을 살아보지 못한 사람이지만 믿음 없는 사람들은 어떻게 세상과 자신을 이기면서 헤쳐나가는지 궁금할 때도 많았습니다.

그럴 때마다 믿음 안에서 누리는 은혜를 절절하게 경험하다가 너무 신묘막측(神妙莫測, wonderful)한 주님 사랑을 깨닫고 감사해서 이 글을 쓰게 되었습니다. 생각해 보면 우리가 살아가는, 보이는 이 세상이 다가 아니라 아름다운 믿음 안에서 누리며 사는 세계가 존재함을 사람들에게 알리고 싶은 열정이 저를 여기까지 이르게 만들어 주었습니다. 또한 반포 남서울교회를 다니는 평범한 신자인 제가 이 글에 도전하도록 힘을 주신 주님의 은혜에 감사하면서 주님의 인도하심 속에 그 믿음이 주는 진리와 구원의 길, 사랑을 전하고 싶은 마음이 이 시집을 완성하게 한 동력이었다고 감히 말씀드리고 싶습니다.

어려운 시련 속에서 의지할 곳 없을 때 글도 쓰게 되는 저의 약함을 고백하면서 이 글을 쓰는 동안 늘 실족하는 마음 안에 힘을 주시는 말씀은 「두려워하지 말라 내가 너와 함께 함이라 놀라지 말라 나는 네 하나님이 됨이라 내가 너를 굳세게 하리라 참으로 너를 도와주리라」(사 41:10)였습니다.

이 말씀에 힘을 얻으면서 여기까지 인도해 주신 하나님께 감사드리며 이 시를 읽는 독자들의 신앙에 조금은 도움이 되기를 원합니다.

‒ 저자 강영희

차례

1부

1

목자와 어린 양

주는 목자 나는 어린 양
양은 양이 가는 문으로 들어가야 산다

양은 양이 가는 문으로
들어가 꼴을 먹으면 말씀도 맛도 달고

말씀 꼴을 매일 먹으며
목자 음성을 들으면 듣는 귀가 열려서

목자가 가는 길 따라가다가
들으면 열리는 그 세미한 하늘의 소리

귀에 익은 그 음성 듣다가
홀연히 열리는 그 생생한 생명의 소리

"내 양은 내 음성을 들으며 나는 그들을 알며 그들은 나를 따르느니라"
(요 10:27)

2

신앙은

신앙은 고정관념, 거친 성질
우리 안의 그 안 되는 것들
걸러내고 다스리는 것입니다

신앙은 성경 말씀을 믿으며
마음속 교만, 자만 물리치고
이기면서 나아가는 것입니다

신앙은 구원, 은혜 감사하며
우리 삶의 불의한 악을 보고
물리치고 거스르는 것입니다

신앙은 겸손, 온유한 맘으로
자신의 높아진 육적 관념을
부숴내고 파쇄 하는 것입니다

신앙은 세상 욕망 뒤로하고
영혼이 누리고 맛보는 은혜
생명 부활로 나가는 것입니다

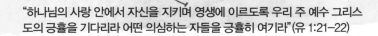

"하나님의 사랑 안에서 자신을 지키며 영생에 이르도록 우리 주 예수 그리스
도의 긍휼을 기다리라 어떤 의심하는 자들을 긍휼히 여기라"(유 1:21-22)

참맛

우리는 하나님 아버지의 자녀
주님과 마음만 통하면 되는데

세상의 노예처럼 살아온 우리
그날이 너무나 아파서 울어도

주님을 따르며 믿는 사람들은
영혼의 지각이 조금씩 열려서

영으로 듣고 영으로 깨달으며
영적인 말씀 속에 커가는 영혼

영안에서 만나는 신비한 기쁨
주님의 사랑 속에 자라는 믿음

영으로 맛보는 참맛 귀한 은혜
진리 안에서 성장하는 성도들

"너희는 여호와를 만날 만한 때에 찾으라 가까이 계실 때에 그를 부르라"
(사 55:6)

가능

누구든지 하면 됩니다.
그 무엇도 할 힘은 없지만 정성만 드리면
주님이 하게 해주십니다

누구나 힘쓰면 됩니다
검불 하나 들 능력이 우리에게는 없어도
주님이 힘을 주시면 다 됩니다

누구든지 할 수 있습니다
주님과 함께만 하면 늘 주시는 은혜 속에
주님 일을 하게 해주십니다

누구든지 해야 합니다
속 생명이 속안에서 나래를 치기만 하면
주님을 따를 능력을 주십니다

누구든지 할 수 있습니다
곤한 삶 속에서도 주님을 바라고 나가면
주님이 할 기회를 주십니다

"그러나 네가 거기서 네 하나님 여호와를 찾게 되리니 만일 마음을 다하고
뜻을 다하여 그를 찾으면 만나리라"(신 4:29)

의문

가난하고 연약한 마음은 오늘도
속절없이 온 세상을 헤매면서 맴돈다

목적도 없이 가이없이 떠돌면서
헤매는 사람은 작은 물방울 안개와 같다

끊임없이 솟아나는 허전함으로
힘든 육신은 공전하는 쳇바퀴와 같다

어디를 가도 소망 없는 사람은
중심을 잃고 쓰러진 파선당한 배와 같다

온갖 회의가 온종일 파고드는
상념 속에 잠긴 너의 모습을 똑똑히 보라

그래서 내가 나에게 물어본다
나의 육신 그 너는 과연 무엇과 같은가

"그런즉 근심이 네 마음에서 떠나게 하며 악이 네 몸에서 물러가게 하라 어릴
때와 검은 머리의 시절이 다 헛되니라"(전 11:10)

이 기쁜 하루

내가 나만 위해 살아가는 그 순간에
내가 나를 챙기면서 나만 생각하는

이기적인 모습에 마음은 쓰라리고
세상은 허전하고 육신은 미련해도

내가 아닌 믿음으로 살려고 애쓰고
세상이 아닌 주님께만 전심 드리면

마음에 밀려드는 주님의 깊은 사랑
아무도 모르게 누리는 참된 희열들

외롭고도 마음 아픈 그 인생 속에서
믿음만 있으면 다 되는 이 기쁜 하루

"네 마음으로 죄인의 형통을 부러워하지 말고 항상 여호와를 경외하라"
(잠 23:17)

감사와 기쁨

무정한 마음에 오는 말씀
내가 너를 사랑하노라

말씀을 들으면 큰 은혜로
힘이 나서 살아가고

빈 마음에 오는 주님 말씀
내가 너를 잘 아노라

말씀 듣고 기뻐 감사하면
그 하루도 안심이 되고

두려운 마음에 오는 말씀
내니 두려워하지 말라

힘 되는 말씀에 감동하면
고맙고 기쁜 나의 삶

"여호와께 감사하라 그는 선하시며 그 인자하심이 영원함이로다"(시 136:1)

강물 같은 은혜

나의 마음은 너무나 좁아서 그 누구도
들어올 틈은 없지만 믿음만 올라가면
넓어지는 나의 마음

나의 마음은 비천하여 온갖 추한 것이
끊임없이 들어오고 나가도 말씀 들으면
새로워지는 나의 마음

나의 마음 구정물처럼 한없이 더러워도
마음만 드리면 들어오는 주님 사랑 안에
솟는 마음, 평안

나의 마음은 황량한 벌판같이 척박해도
주님 이름만 부르면 들리는 진리 말씀에
소생하는 나의 영혼

나의 마음 완악하여 너무나 허물 많지만
마음만 드리면 강물처럼 밀려오는 은혜
주님의 사랑이 늘 한가득

"소망의 하나님이 모든 기쁨과 평강을 믿음 안에서 너희에게 충만하게 하사
성령의 능력으로 소망이 넘치게 하시기를 원하노라" (롬 15:13)

9

은신처

큰집과 정원이 둘러쳐 있고
세상 지식 높은 명예 가져도
나의 안식처는 우리 주님뿐

높은 산 험한 바위의 위엄이
마음을 두렵게 떨리게 해도
나의 은신처는 우리 주님뿐

큰바람 큰비가 많이 내리고
큰물과 풍랑이 몰아쳐 와도
나의 도피성은 우리 주님뿐

큰 전쟁 큰 병마가 닥쳐오고
힘든 삶 속에 마음은 아파도
나의 피난처는 우리 주님뿐

"주는 나의 은신처요 방패시라 내가 주의 말씀을 바라나이다"(시 119:114)

연달

높은 산 위에 홀로 선 나무
거친 풍상 속에도 위풍당당하게 견디는 너

땅에서 하늘만 보고 크는 나무
밝은 태양 쳐다보면서 끝없이 커가는 너

척박한 땅에 약한 뿌리박고서
추위와 더위 이기며 꿋꿋하게 자라가는 너

아무도 돌보는 이 없는데
사시장철 위만 바라보면서 끝없이 크는 너

네 모습이 기특해 부르는 이름
나무야, 나무야, 산꼭대기에 홀로선 나무야

빛나게 푸르게 높이높이 자라며
세상 풍파 이기며 하늘만 바라보고 사는 너

"사랑하는 자들아 너희를 연단하려고 오는 불 시험을 이상한 일 당하는 것
같이 이상히 여기지 말고"(벧전 4:12)

소낙비

주님이 주시는 귀한 보화
어디 선지 모르게 오는 그 은혜 소낙비

비고 빈 마음을 적시면서
쏟아지는 사랑의 폭포수 은혜의 물결

하늘의 비가 쏟아지면
슬픈 영혼을 위로하는 사랑의 희소식

갈급한 마음을 덮어주는
값없이 하염없이 주시는 주님의 사랑

목마른 마음을 적셔주는
신비롭고 놀라운 그윽한 영혼의 소리

"봄비가 올 때에 여호와 곧 구름을 일게 하시는 여호와께 비를 구하라 무리에
게 소낙비를 내려서 밭의 채소를 각 사람에게 주시리라"(슥 10:1)

부름

나의 생명의 빛이시여
칠흑같이 검은 마음에
오시는 내 소망이시여

어둡고 캄캄한 영혼과
외롭고 슬픈 마음안에
오시는 나의 빛이시여

생명 구원의 주님이여
죄악으로 물든 마음에
오시는 내 기쁨이시여

절망하고 아픈 영혼이
주님만 바라고 비오니
속히 내게 오시옵소서

"그가 빛 가운데 계신 것 같이 우리도 빛 가운데 행하면 우리가 서로 사귐이
있고 그 아들 예수의 피가 우리를 모든 죄에서 깨끗하게 하실 것이요"
(요일 1:7)

선포

오늘이 처음인 것처럼 나는 펜을 움직이며
펜을 따라 가다보면 불현듯 은혜가 샘솟습니다

오늘이 끝 날인 것처럼 나는 펜을 그어대며
끊임없이 선포만하면 영혼의 샘이 솟아납니다

오늘이 종말인 것처럼 나는 펜을 움직이다
주님 은혜가 오면 사랑의 샘물이 흘러나옵니다

오늘이 마지막인 것처럼 영혼의 펜을 들고
그어만 대면 주님의 피가 마음을 물들입니다

"다윗 왕이 여호와 앞에 들어가 앉아서 이르되 주 여호와여 나는 누구이오며
내 집은 무엇이기에 나를 여기까지 이르게 하셨나이까"(삼하 7:18)

나만

나란 사람은 나만 돌보고 생각하면서
나만 지키고 살아가는 이기적인 사람

나의 육신은 나만 믿고 나만 바라보며
나만 살피고 나만 치장하며 살아가는

나만 아끼고 나만 섬기는 나의 사람이
나를 멀리하고 주님을 보다 나를 보면

무익하고 욕심 많은 나의 모습이 보여
나만 알고 챙기면서 산 추함이 곧 보여

"그는 넘어지나 아주 엎드러지지 아니함은 여호와께서 그의 손으로 붙드심이
로다"(시 37:24)

불

불현듯
성령 불 바람이 불어오면
뜨거운 그 사랑에 육신은
파릇파릇 피어납니다

느닷없이
성령의 불 냄새를 맡으면
붉게 익어가는 몸과 마음
영혼은 달궈집니다

가이없이
성령 불이 불시에 닿으면
뜨겁게 변하는 몸 영혼은
아름답게 살아납니다

매일같이
성령의 불에 그슬릴 때면
육신도 마음도 뜨거워져
검은 죄도 태워집니다

"예수께서 대답하시되 진실로 진실로 네게 이르노니 사람이 물과 성령으로
나지 아니하면 하나님의 나라에 들어갈 수 없느니라"(요 3:5)

주 은혜

세상 언어, 지식 다 비우고
간절히 마음 드리면 주시는 은혜

주님께 마음이 닿으면
뜨겁게 오시는 아름다운 주 은혜

주님 찾다가 마음 동하면
신비로운 은총에 커가는 주 은혜

주님을 믿다가 정이 들고
마음이 통하면 주시는 하늘 은혜

"그들이 주의 집에 있는 살진 것으로 풍족할 것이라 주께서 주의 복락의 강물
을 마시게 하시리이다"(시 36:8)

하루

오늘도 말씀을 들으며
믿음을 따라가는 하루

주님 향한 선한 열정이
온 삶과 마음을 이끄는

갈급한 마음에 스미는
애달픈 영혼의 절규가

심령을 아프게 하여도
깊고 깊은 주님 사랑에

적셔만 지면 아름답게
회복되는 신비한 믿음

"내가 진실로 진실로 너희에게 이르노니 내 말을 듣고 또 나 보내신 이를 믿
는 자는 영생을 얻었고 심판에 이르지 아니하나니 사망에서 생명으로 옮겼
느니라"(요 5:24)

사람은

진실한 사람은
깊은 교제 속에서 주님 뵙고
깊은 신뢰 속에서 주님을 배우고

순수한 사람은
깊은 은혜 속에서 주님 알고
깊은 사랑 속에서 주님을 익히고

신실한 사람은
깊은 진리 안에서 주님 믿고
깊은 소망 안에서 주님을 바라고

진리의 사람은
깊은 말씀 속에서 주님 보고
깊은 사명 속에서 주님을 전하고

"그러므로 사람이 선을 행할 줄 알고도 행하지 아니하면 죄니라"(약 4:17)

길

사랑은 어디서나 아래로 내려가는 것
낮은 곳에 흐르는 사랑의 길을 따라서

날마다 아래로 아래로 마음 낮추면서
가난한 마음으로 주님을 섬기며 가는

이면적인 영성 길 우리 주님이 가신 길
세상 유혹을 뒤로하고 가는 낮춤 길은

끝없이 비워낸 자리에 솟는 공허함도
극복하다 말없이 조용히 사라지는 것

"자녀들아 우리가 말과 혀로만 사랑하지 말고 행함과 진실함으로 하자"
(요일 3:18)

열림

성령이 오시면 영의 눈이 열려
영으로 보고 느끼니 맘이 열려

영적 감각으로 느끼고 행하니
새 날이 열리고 새 소망이 열려

삶의 나날을 은혜를 받고 사니
주님 선물인 사랑의 눈이 열려

모든 것이 열리니 육신이 열려
영혼이 열리니 마음 눈이 열려

"너희는 이제 가만히 서서 여호와께서 너희 목전에서 행하시는 이 큰 일을
보라"(삼상 12:16)

그 땅

우리 사는 곳은 외로운
물이 없고 척박한 광야

거주할 성읍 하나 없는
바람만 부는 메마른 땅

40년을 헤매도 못 가는
가나안 복지 믿음의 땅

우리가 가고 싶은 그곳
꿈에 그리는 가나안 땅

심령의 가나안 7족들을
진멸해야 갈 수 있는 땅

마음 담 넘어야 들어 갈
아름답고 거룩한 그 땅

"그 산지도 네 것이 되리니 비록 삼림이라도 네가 개척하라 그 끝까지 네 것이
되리라 가나안 족속이 비록 철 병거를 가졌고 강할지라도 네가 능히 그를 쫓
아내리라 하였더라"(수 17:18)

그 나라

먹으나 마시나 잘 때나 깰 때나
사모하는 그 나라

무엇을 하든지 무엇을 듣든지
생각나는 그 나라

마음이 서럽고 슬프고 아파도
보고 싶은 그 나라

세상이 싫고 사람이 멀어져도
늘 그리는 그 나라

나 혼자 먹고 나 혼자 살아도
매일 가고픈 그 나라

"여호와여 주의 원수들은 다 이와 같이 망하게 하시고 주를 사랑하는 자들
은 해가 힘 있게 돋음 같게 하시옵소서 하니라 그 땅이 사십 년 동안 평온하
였더라"(삿 5:31)

슬픈 영혼

여기가 어디인가 하늘가의 흰 구름
아름다운 새소리 들리는 음율 속에
홀연히 피어나는 곤한 감정

여기가 어디인가 여기가 그 곳인가
해맑은 동산에서 풀냄새가 풍기면
그 힘으로 일어나는 갈한 마음

여기가 어디인가 하늘 아래 바닷가
출렁이는 바다 험한 파도 물결 타고
주님께 달려가는 천한 영혼

여기가 어디인가 여기가 그 곳인가
주님을 생각하다 은혜만 밀려들면
홀연히 치료되는 나의 육신

"너희는 귀를 기울이고 내게로 나아와 들으라 그리하면 너희의 영혼이 살리
라 내가 너희를 위하여 영원한 언약을 맺으리니 곧 다윗에게 허락한 확실한
은혜이니라"(사 55:3)

내가 보여

고개 들어 십자가를 바라보면
죄 많은 내가 보여

십자가를 보며 나를 돌아보면
거짓된 내가 보여

낮추고 낮추면서 나를 버리면
무능한 내가 보여

삶 속에서 좌절하고 실족하면
더러운 내가 보여

십자가의 도를 매일 바라보면
죄인인 내가 보여

"복 있는 사람은 악인들의 꾀를 따르지 아니하며 죄인들의 길에 서지 아니하며 오만한 자들의 자리에 앉지 아니하고"(시 1:1)

내려놓기

자신만 아는 헛된 나의 육신
육신만 믿고 멋대로 살면서

육신만 챙기는 너의 삶 속에
너 육신의 힘을 내려놓아라

나의 금쪽같은 헛된 육신아
네 모습 자랑하다 실패하면

네 몸 기댈 곳은 그 어딘지
네 맘 의지할 곳 그 어딘지

육신만 아는 너의 삶 속에서
네가 가는 곳은 그 어디인지

네가 편히 쉴 곳은 어디인지
조금도 모르는 곤한 사람을

안다면 너 주님 앞에 돌아와
네 힘과 네 삶 다 내려놓아라

"나에게 이르시기를 내 은혜가 네게 족하도다 이는 내 능력이 약한 데서 온
전하여짐이라 하신지라 그러므로 도리어 크게 기뻐함으로 나의 여러 약한 것
들에 대하여 자랑하리니 이는 그리스도의 능력이 내게 머물게 하려 함이라"
(고후 12:9)

방랑

만상이 숨죽인 가운데 오늘도 외로운
네 육신은 그 어디를 방랑하고 있나

마음이 비어있는 갈한 영혼의 속사람
그를 너는 왜 힘들게 붙들고 있나

서러운 인생의 질고질병 쉼이 없는데
너는 지금 어찌하여 주저 앉아있나

냉기 가득한 삶의 풍파 끝이 없는데
너는 지금 무엇을 하며 서성거리나

"너희는 믿음 안에 있는가 너희 자신을 시험하고 너희 자신을 확증하라 예수
그리스도께서 너희 안에 계신 줄을 너희가 스스로 알지 못하느냐 그렇지 않
으면 너희는 버림 받은 자니라"(고후 13:5)

바보

미숙아처럼 가만히 있어야
되는 줄 알던 바보

어린애처럼 늘 떼를 써야
되는 줄 알던 울보

다 커도 힘으로만 나가야
되는 줄 아는 사람도

바보같이 따라다니다가
맛보는 주님 사랑

미련하게 믿다가 드디어
만나는 주님 은혜

"이스라엘아 여호와를 의지하라 그는 너희의 도움이시요 너희의 방패시로
다"(시 115:9)

주님뿐

아늑한 정원이 나를 감싸고 있어도
마음의 공허함 아시는 분은 우리 주님뿐입니다

한낮의 태양이 세상을 밝혀 주어도
한낮의 허전함 보시는 분은 우리 주님뿐입니다

세상 명예와 부귀가 마음을 채워도
삶 속의 슬픔을 아시는 분은 우리 주님뿐입니다

고운 얼굴과 아름다운 치장 빛나도
영혼의 외로움 아시는 분은 우리 주님뿐입니다

사람들 잘 사귀고 늘 가까이 대해도
생애의 어려움 아시는 분은 우리 주님뿐입니다

"내가 여호와께 아뢰되 주는 나의 주님이시오니 주 밖에는 나의 복이 없다 하
였나이다"(시 16:2)

돌이킴

죄악에서 우리를 건지시려
고통스런 십자가를 지시고

나대신 속죄 제물이 되신
주님의 십자가 묵상하다가

피의 제단 십자가 생각하면
슬픔에 가득 여린 내 영혼

비천한 인생을 사랑하시어
생명의 구원 길 열어주시는

사랑 많은 주님을 떠올리다
감격해 우는 천한 내 육신

"나의 발걸음을 주의 말씀에 굳게 세우시고 어떤 죄악도 나를 주관하지 못하
게 하소서"(시 119:133)

멀고 먼 나라

영원한 나라 우리가 가야하는 곳
주님 계시는 무궁하고 거룩한 곳

믿음을 따라서 끝도 없이 열심히
믿음으로 가고픈 곳 소망의 나라

우리가 반드시 들어가야 할 그곳
영광의 주님이 사시는 생명 나라

생각만 해도 마음이 기쁘고 벅찬
평안, 평강, 평화가 숨 쉬는 그곳

성도가 가고 싶은 저 멀고 먼 곳
주님 계시는 영원한 영생의 나라

"그가 사모하는 영혼에게 만족을 주시며 주린 영혼에게 좋은 것으로 채워주
심이로다"(시 107:9)

그리움

숲속에서 풍기는 고즈넉함
아름다운 자연의 하모니가
천상의 노래처럼 들려오면

정다운 멜로디 사랑 노래가
영혼을 품어주는 하루 속에
마음은 기쁘게 날아오르고

고요한 우주의 파동 속에서
정겨운 합창 소리가 들리면
아련한 그 영혼 파동 소리에

마음은 끝없이 하늘을 날고
영혼은 벅차게 높이 오르며
하늘을 나르네 주님 따르네

"그들이 평온함으로 말미암아 기뻐하는 중에 여호와께서 그들이 바라는 항
구로 인도하시는도다"(시 107:30)

동행

걸어가나 잘 때나 주님만 떠올리면
기쁨이 넘쳐나고

앉거나 서 있거나 주님만 바라보면
평안이 스치고

먹거나 마시거나 주님만 의지하면
마음이 편안하고

일하거나 놀거나 주님만 사랑하면
은혜가 들어오고

아프거나 슬퍼도 주님만 생각하면
소망이 흐르고

"주의 궁정에서의 한 날이 다른 곳에서의 천 날보다 나은즉 악인의 장막에
사는 것보다 내 하나님의 성전 문지기로 있는 것이 좋사오니"(시 84:10)

솟아남

믿음이 좋아서 온 마음을 드리면서
주님 향하여 주님께 나가기만 하면
솟는 기쁨은 너무 새로워

주님이 그리워서 다소곳이 몸 낮춰
주님 바라고 마음을 바치기만 하면
솟는 사랑이 너무 감사해

주님이 보고 싶어 뛸 듯이 기뻐하며
주님께 나가며 끊임없이 의지하면
솟는 은혜가 너무 찬란해

주님이 은혜를 주시면 속히 일어나
좋은 일 궂은일 즐겨 섬기며 나가면
솟는 믿음은 너무 신기해

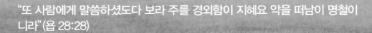

"또 사람에게 말씀하셨도다 보라 주를 경외함이 지혜요 악을 떠남이 명철이
니라"(욥 28:28)

내 몸

육신을 믿고 살아가는 한
남는 것은 아무것도 없는

마음뿐인 빈 육신의 하루
외형만 아는 천한 사람이

주님을 보면서 돌이킬 때
비로소 보이는 높은 그곳

사랑, 은혜, 자비, 평화로운
생명의 그 말씀 생각하다

비로소 보이는 비고 비인
영혼이 메마른 곤한 육신

"이스라엘은 이제 말하기를 여호와께서 우리 편에 계시지 아니하셨더라면
우리가 어떻게 하였으랴"(시 124:1)

없는 것

사랑이 있으면 무엇 하나
빈 맘을 채울 능력이 없어요

물질이 많으면 무엇 하나
날마다 벌어도 만족이 없어요

건강이 있으면 무엇 하나
흐르는 세월에 이길 힘없어요

지혜가 많으면 무엇 하나
늙으면 아무 유익이 없어요

믿음이 있으면 무엇 하나
은혜가 없으면 소용이 없어요

"싸울 날을 위하여 마병을 예비하거니와 이김은 여호와께 있느니라"
(잠 21:31)

일어나라

성중에 사는 성도들아
내가 주님 이름으로 부탁한다
따스한 성령의 바람이 힘차게
불기 전에는 깨어나지 말아라

성중에 사는 성도들아
주님 사랑을 한없이 따르다가
불같은 하늘 은혜가 오기까진
너는 앞서거나 나서지 말아라

성중에 사는 성도들아
성령의 능력이 벅차게 넘쳐서
하늘의 은총이 홀연히 닿으면
그때 너는 하루속히 일어나라

성중에 사는 성도들아
성령의 불길이 사무치게 번져
영혼이 불시에 붉게 타오르면
너는 속히 일어나 뛰어가거라

"일어나라 빛을 발하라 이는 네 빛이 이르렀고 여호와의 영광이 네 위에 임하
였음이니라"(사 60:1)

은총

보암직한 것만 늘 따르던 사람이
성전 문은 열심히 들락거리면서

겉 사람을 따르다가 겉 모양만
외형만 좋아하는 그릇된 시선을

마음 안으로 끊임없이 돌리면서
속안으로 깊이깊이 들어가다가

맛보는 아름답고 거룩한 영광 맛
비워내고 덜어 낸 마음자리에서

놀랍고 신기한 주님의 은혜 속에
진리의 단맛으로 커가는 내 영혼

"죄의 삯은 사망이요 하나님의 은사는 그리스도 예수 우리 주 안에 있는 영생
이니라"(롬 6:23)

자유

맑은 하늘은 아름답고 고운데
나는 언제나 하늘에서 저 새처럼 날아보려나

저 하늘에는 흰 구름만 떠다니는데
나는 언제 구름처럼 저 자유를 맛볼 수 있을까

넓은 하늘은 맑고 푸르고 깨끗한데
나는 저 하늘을 기쁘게 누비며 떠다녀 보려나

내 영혼은 푸른 하늘만 쳐다보지만
그날의 시름을 잊고 언제 저 하늘 누려보려나

"우리가 무엇이든지 구하는 바를 들으시는 줄을 안즉 우리가 그에게 구한 그 것을 얻은 줄을 또한 아느니라" (요일 5:15)

39

구원

주님 생명의 빛이 빈 영혼에
비치기만 하면 천지가 개벽해

영혼이 깨어나고 열리면서
새로운 세계가 보이기만 하면

땅의 것은 모두 썩을 것
육신으로 산 그 때가 서러워

그러나 주님을 섬기다가
진리 안에 생명을 맛본다면

마음도 그 삶도 모두 천국
영혼은 기뻐하며 하늘 오르네

"너희는 그 은혜에 의하여 믿음으로 말미암아 구원을 받았으니 이것은 너희
에게서 난 것이 아니요 하나님의 선물이라"(엡 2:8)

주님 사랑만 있으면

나는 나의 마음 하나도 몰라도
나의 전후좌우 어디가 있어도
나 살피고 돌보시는 우리 주님

속안의 모든 상념 갈등 근심들
마음에 오는 불안 불만 속에도
주님 사랑만 있으면 되는 우리

언제나 삶 속에 멍들은 상처가
속을 스치며 지나가면 큰 고통
그것 때문에 육신은 좌절, 절망

나는 내가 어떤지 하나 몰라도
마음 눈으로 보이는 추한 모습
그것이 서러워 우는 슬픈 육신

"그러므로 나의 사랑하는 자들아 너희가 나 있을 때뿐 아니라 더욱 지금 나
없을 때에도 항상 복종하여 두렵고 떨림으로 너희 구원을 이루라"(빌 2:12)

누구인지

문득 내가 왜 여기에 있을까
내가 왜 여기서 허우적거리고 있는지

때로는 먼 곳을 바라보지만
여기를 떠나지 못하고 맴돌고 있는지

삶의 주변을 살펴보면서
나의 모습을 돌아보지만 헛되고 헛된

허탄한 인생이 서러워서
울며불며 애타는 영혼의 탄식 속에서

믿음만 따라가야 하는
둔하고 연약한 나 그는 과연 누구인지

"아비들아 너희 자녀를 노엽게 하지 말지니 낙심할까 함이라"(골 3:21)

붙따르다

저 그냥 갈 거예요
있으면 있는 대로 없으면 없는 대로

오늘도 내일도
주님이 내게로 찾아오시게 기다리며

저 그냥 따라가요
주님이 이끄시면 끊임없이 어디서나

은혜 비에 몸 적시며
세상을 잊고 주님만 바라고 나아가요

저 그냥 따라가요
주시는 대로 안주시면 안 주시는 대로

오늘도 미래에도
주님이 오시길 기다리며 그냥 갈게요

"믿음이 없이는 하나님을 기쁘시게 하지 못하나니 하나님께 나아가는 자는
반드시 그가 계신 것과 또한 그가 자기를 찾는 자들에게 상 주시는 이심을 믿
어야 할지니라"(히 11:6)

그 소리

너는 지금 네 귀에 들려오는가
어디선지 모르게 들리는 그 소리

신비하고 아늑한 태고의 그 소리
마음에 닿는 정감 있는 소망 소리

만상의 메아리를 끊임없이 들으면
낮고 천한 마음에 오는 정감 어린

슬픈 육신이 느끼는 심령의 소리
한 번만 들어도 살아나는 그 소리

거룩한 음성에 커지는 영혼 소리
마음을 울리는 황홀한 생명 소리

"진실로 진실로 너희에게 이르노니 죽은 자들이 하나님의 아들의 음성을 들을 때가 오나니 곧 이 때라 듣는 자는 살아나리라"(요 5:25)

바라봄

우리 저 너머를 바라보자 하늘 생명이 사는 그곳
우리가 들어갈 영원한 그곳

우리 고개를 들어 살며시 저 먼 곳을 바라보자
우리가 주님을 만나는 그곳

우리 먼 하늘을 바라보자 생명 기운이 넘쳐나는
주님 사랑이 흐르는 그곳

우리 마음으로 주님을 바라보자 영원한 그 나라
우리가 가야 할 무궁한 그곳

"주의 얼굴을 주의 종에게 비추시고 주의 사랑하심으로 나를 구원하소서"
(시 31:16)

향기

한 송이 믿음 꽃 피우기 위해
삶의 풍랑, 풍파, 고난 이길 때
살며시 올라오는 소망의 향기

한 송이 믿음 꽃 가꾸기 위해
눈물을 흘리며 씨를 뿌릴 때에
내면 안에 스미는 은혜 향기

한 송이 믿음 꽃 기르기 위해
수고하고 애쓰는 우리 삶 속에
은은하게 들어오는 사랑 향기

한 송이 믿음 꽃을 피우기 위해
온 맘으로 줄기차게 나아갈 때
열리는 믿음의 열매, 성령 향기

"북풍아 일어나라 남풍아 오라 나의 동산에 불어서 향기를 날리라 나의 사랑
하는 자가 그 동산에 들어가서 그 아름다운 열매 먹기를 원하노라"(아 4:16)

새

나는 외롭고 서글퍼 하루 종일
넓은 하늘을 끊임없이 헤매는
둥지를 떠난 한 마리 떠돌이 새

나는 어디서나 사랑에 목말라
기러기처럼 혼자서 울며불며
정든 님 그리는 한 마리 사랑 새

나는 내 마음 붙일 곳이 없어
세상을 끊임없이 돌아다니며
정을 찾아가는 한 마리 고독 새

나는 주님 이름 날마다 부르며
말씀 진리를 찾아서 온 맘으로
가이없이 방황하는 영혼의 철새

"여호와의 이름은 견고한 망대라 의인은 그리로 달려가서 안전함을 얻느니
라"(잠 18:10)

헛걸음

오늘도 할일 없이 가는 곳
그 어디인가

온종일 쉬지 않고 다니면서
무엇을 찾고 있나

찾아다녀도 얻은 것 없는데
어디로 돌아다니나

돌아온 자리는 늘 비었는데
그 무엇 찾아 돌면서

너의 공허를 채우지 못하고
어디를 날마다 도나

오늘도 내일도 한없이 돌며
시간은 지나가는데

너 떠돌다가 멈춘 자리에서
놓친 것은 그 무엇인가

"그가 내게 대답하여 이르되 여호와께서 스룹바벨에게 하신 말씀이 이러하
니라 만군의 여호와께서 말씀하시되 이는 힘으로 되지 아니하며 능력으로
되지 아니하고 오직 나의 영으로 되느니라"(슥 4:6)

열려

성령이 오시면 은혜, 충만
마음이 열리고 영혼이 열려
영으로 보고 느끼니 영의 지각이 열려

듣는 것마다 영으로 가니
새 맘, 새 땅과 만상이 신비하게 열려

은혜로 살아가니 육신이 열려
믿음이 열리고 사랑과 말씀 샘이 열려

성령이 오시면 기쁨이 충만
은혜로 살다 보니 지혜가 열려
깊은 믿음으로 사니 주님 생명이 열려

"비록 무화과나무가 무성하지 못하며 포도나무에 열매가 없으며 감람나무에
소출이 없으며 밭에 먹을 것이 없으며 우리에 양이 없으며 외양간에 소가 없
을지라도"(합 3:17)

홀로

사람들은 다 혼자다
혼자 가는 길에 맛보는 쓴맛

우리 인생은 혼자다
흐르는 삶 속에서 오는 외로움

우리 삶들은 다 혼자다
홀로 가는 길에서 맛보는 고난

사람들은 다 혼자다
그러나 나만의 소망은 주님뿐

사람은 다 혼자여도
나 함께 할 이는 우리 주님뿐

"여호와는 선하시며 환난 날에 산성이시라 그는 자기에게 피하는 자들을 아
시느니라"(나 1:7)

기도

기도는 마음을 정화하는 것
마음 초점을 주님께 맞추고
주님을 묵묵히 기다리는 것입니다

기도는 잠잠히 침묵하는 것
마음의 중심 주님께 드리며
영혼의 불순물을 치우는 것입니다

기도는 묵묵히 응시하는 것
마음의 생각과 잡념 비우며
주님을 한없이 바라보는 것입니다

기도는 나를 떠나보내는 것
마음의 욕망 욕구 비우면서
끊임없이 주님을 채우는 것입니다

"그러므로 우리는 긍휼하심을 받고 때를 따라 돕는 은혜를 얻기 위하여 은혜
의 보좌 앞에 담대히 나아갈 것이니라"(히 4:16)

이상

나무야, 나무야, 너 왜 그리 키가 크니
굳은 땅에 우두커니 서서 위로만 자꾸 올라가는 너

나무야, 나무야, 너 왜 그리 무성하니
거친 땅에 굳게 뿌리박고 파아란 옷을 휘날리는 너

나무야, 나무야, 너 왜 그리 말이 없니
세상의 풍파 속 흔들려도 묵묵히 오롯이 서 있는 너

나무야, 나무야, 너 왜 그리 당당하니
거치른 땅에 발을 딛고서 먼 하늘만을 응시하는 너

"하나님께서 지으신 모든 것이 선하매 감사함으로 받으면 버릴 것이 없나니"
(딤 4:4)

시야

어긋난 시선은 세상을 불신하고
굴곡된 시야는 사람을 판단하고

삐뚤어진 초점이 이웃을 가르고
굴절된 렌즈가 사람을 정죄해도

마음이 바뀌면 보이는 나의 육신
사랑 눈이 뜨이면 열리는 마음 눈

사랑으로 나가면 마음도 열리고
믿음으로 나가면 영혼이 열려서

말씀 안에서 깊어지는 하늘 지식
진리 안에서 숙성되는 나의 믿음

"내 눈이 항상 여호와를 바라봄은 내 발을 그물에서 벗어나게 하실 것임이로
다"(시 25:15)

사모하는 마음

기쁜 노래 드리세
마음과 정성 들여 주님을 노래하고

착한 마음 드리세
모든 희생 드리며 주님을 사랑하고

감사 찬송 드리세
나의 삶 도우시는 주님을 기뻐하고

나의 인생 드리세
날마다 오는 은혜 주님을 사모하고

"여호와여 주는 나의 하나님이시라 내가 주를 높이고 주의 이름을 찬송하오
리니 주는 기사를 옛적에 정하신 뜻대로 성실함과 진실함으로 행하셨음이
라"(사 25:1)

섬기는 것

섬기는 것은
너무 먼 곳 생각 말고
가까운 사람부터

돌보는 것은
그의 영혼 쓰레기들을
치우면서 가는 것입니다

그리고

도움 주는 것은
나의 유익 뒤로하고
곁의 사람부터

사랑하는 것은
그가 흘리는 휴지 조각
주우면서 가는 것입니다

"여호와를 의뢰하고 선을 행하라 땅에 머무는 동안 그의 성실을 먹을 거리로
삼을지어다"(시 37:3)

후회

나만 챙기며 나가는
나를 일찍 알았더라면
미련하게 살지 않았을 것입니다

나만 보고 나가는
나를 더 일찍 알았으면
어리석게 살지 않았을 것입니다

나만 알고 나가는
나를 미리 알았더라면
교만하게 살지 않았을 것입니다

나만 믿고 나가는
나를 더 속히 알았으면
속절없이 살지 않았을 것입니다

"도움을 구하러 애굽으로 내려가는 자들은 화 있을진저"(사 31:1)

빈 것

모든 일 잘하고
모든 사람 잘 사귀어도
마음은 공허 공수래

모든 말 다 하고
모든 재능 다 갖추어도
남는 것은 쓴 웃음

모든 말 잘 듣고
모든 선행을 매일 해도
채움 없는 빈 마음

모든 설교 다 듣고
모든 예배 모두 드려도
속은 빈 엿 강정

"육신에 있는 자들은 하나님을 기쁘시게 할 수 없느니라"(롬 8:8)

나만이

나 혼자 주님 바라고 나 혼자 주님을 찾고
나만이 주님을 배우고 나만이 주님을 믿고

나 먼저 주님 따르고 나 먼저 주님 섬기며
내 몸 바쳐 주님 사랑, 내 힘 바쳐 주님 경배

그러면

내 모습 해같이 빛나 내 마음 달같이 밝게
내 육신 새같이 날며 내 영혼 별같이 빛나

내 기쁨인 주님 은혜 내 소망인 주님 은총
내 능력인 주님 말씀 내 갈망인 주님 영광

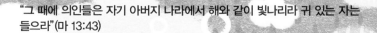

"그 때에 의인들은 자기 아버지 나라에서 해와 같이 빛나리라 귀 있는 자는
들으라"(마 13:43)

그리움

주님 은혜가 그리운 밤에
주님좋아 주님만 바라보면서

고요한 한밤의 정적 속에
드리는 영혼의 간절한 기도

영원으로 통하는 그 순간
영광의 신비가 춤을 춘다면

너도 나도 세상도 멀리
육신과 영혼은 이미 주님께

우리 삶의 중심을 드리면
영혼은 이미 저 곳 하늘나라

"하나님이 모든 것을 지으시되 때를 따라 아름답게 하셨고 또 사람들에게는
영원을 사모하는 마음을 주셨느니라 그러나 하나님이 하시는 일의 시종을
사람으로 측량할 수 없게 하셨도다"(전 3:11)

주님 곁에

비록 약하고 비천해도
주님만 믿고 살아가는

주님만 바라며 나가고
주님만 만나면 즐거운

주님의 곁에 있고 싶은
가난한 영혼의 간구와

곤고한 심령의 소원을
아시고 보시는 주님이

너무 감사한 나의 마음
매일 소망찬 우리 믿음

"또 여호와를 기뻐하라 그가 네 마음의 소원을 네게 이루어 주시리로다"
(시 37:4)

나그네

네 영혼아, 너는 지금
어디서 와서 어디로 가는가

더러운 네 몸을 가지고
너는 날마다 어디로 가는가

감당 못할 죄 짐을 지고
어디를 날마다 돌아다니나

네 영혼아, 너는 오늘도
무엇을 찾아서 헤매고 도나

세상 갈 곳 알지 못하고
길을 잃고 떠도는 너의 사람

무거운 육신 떼 매고서
오늘도 어디를 돌고 도는가

"내가 이르노니 너희는 성령을 따라 행하라 그리하면 육체의 욕심을 이루지
아니하리라"(갈 5:16)

2부

간구

성령이여 오소서
추한 저의 안으로 들어오소서
세상 볕에 그슬린 육신을 가지고
지금 가오니 저의 죄를 사하여 주소서

성령이여 오소서
좁은 마음 안으로 들어오소서
눈멀어 앞을 못 보는 미련한 죄인이
이제 가오니 제 약함을 용서하여 주소서

성령이여 오소서
추한 저의 영혼에 들어오소서
어름같이 차갑고 굳은 마음 그대로
그냥 가오니 검은 저의 죄 용서해 주소서

성령이여 오소서
슬픈 성령 속으로 들어오소서
죄악에 더럽혀진 슬픈 마음 가지고
곧 가오니 주홍같이 추한 죄 사해주소서

"여호와여 내가 주를 불렀사오니 속히 내게 오시옵소서 내가 주께 부르짖을
때에 내 음성에 귀를 기울이소서"(시 141:1)

주님 사랑

오늘도 삶은 고아 같은 인생
혼자 외로이 살아가는 세상

삶이 죽도록 싫은 사람에게
위로와 따뜻한 사랑 가지고

몸소 무지개 나래를 타시고
불기둥 수레에 몸을 싣고서

신속히 오시는 은혜의 주님
사랑의 선물 가득히 안고서

빈궁한 나를 돌보아 주시는
주님이 고마워 우는 내 육신

"이는 내게 사는 것이 그리스도니 죽는 것도 유익함이라"(빌 1:21)

표현

하얀 종이 여백이
차갑게 나를 바라본다

조용한 하루 속에
솔깃한 소리가 귓가를

쟁쟁히 울려주면
흰 여백이 검게 물든다

그러면 마음속
깊은 탄식 아우성들도

흔적을 남기면서
신속히 스치기만 하면

솟는 열정, 기쁨에
맘이 열리고 영이 산다

"주께서 너희 마음을 인도하여 하나님의 사랑과 그리스도의 인내에 들어가게 하시기를 원하노라"(살후 3:5)

가고 싶어요

이른 새벽에
주님 무덤 찾아가는 여인처럼
나도 주님을 찾아가고 싶어요

오늘 하루 삶 속에
세상 유익 떠나 천한 몸 부르는
믿음의 나라로 나 가고 싶어요

생명 길 향하여
가난한 사람이 하늘 문 두드리며
주님의 나라로 나 가고 싶어요

아무리 두드려도
소식이 없는 그곳 주님 계신 곳
영광의 나라로 나 가고 싶어요

주님으로 향하여
마음으로 따르면 주시는 큰 은혜
비밀한 나라로 나 가고 싶어요

"믿음의 선한 싸움을 싸우라 영생을 취하라 이를 위하여 네가 부르심을 받았
고 많은 증인 앞에서 선한 증언을 하였도다"(딤전 6:12)

행복한 우리

나의 힘만 믿고 자기 자랑으로 가던 이가
세상 성공이 휴지같이 날아가는 어느 순간

거친 세상 삶 속에서 좌절하고 울면서
끊임없이 주님 앞에서 엎드려 매달리면서

날마다 말씀을 듣다가 새록새록 번지는
곤한 사람이 맛보는 하늘 나라의 참된 생명

세미한 주님 음성으로 힘을 얻는 우리들
거룩하신 그 말씀에 회복되는 행복한 우리

"너희가 육신대로 살면 반드시 죽을 것이로되 영으로써 몸의 행실을 죽이면
살리니"(롬 8:13)

사랑으로

잘 먹고 잘 자도
사랑으로

이웃과 지내도
사랑으로

일하고 섬겨도
사랑으로

어디를 가든지
사랑으로

누구를 만나도
사랑으로

"네 마음을 다하고 목숨을 다하고 뜻을 다하여 주 너의 하나님을 사랑하라
하셨으니 이것이 크고 첫째 되는 계명이요"(마 22:37-38)

새날 준비

깨어라 일어나라
곤한 잠에 빠져 지척을 모르는 너

세상 풍락이 좋아
세상에 젖어 사는 너의 사람아

너는 속히 돌아오라
깊은 잠 속에 빠져 멸망 길 모르고

사망한 잠에 빠진 너
신속히 깨어나서 일어나 걸어가라

그날은 곧 닥치는데
새 날을 맞이할 준비를 속히 하라

"여호와의 산에 오를 자가 누구며 그의 거룩한 곳에 설 자가 누구인가"
(시 24:3)

거룩한 생명

나는 나 하나도 모르지만
나 됨이 내 힘으로만 되는 줄 아는

세상 욕망으로 가는 슬픈 길
육신만 믿고 사는 허전한 세월 속

나란 사람이 무엇인지
나만 믿고 사는 자긍, 자만 버리고

마음 돌려 나를 넘어
말씀에 집중하면서 마음 돌이키면

들어오는 주님의 은혜
믿음의 귀한 열매 거룩한 새 생명

"내가 주의 법을 어찌 그리 사랑하는지요 내가 그것을 종일 작은 소리로 읊조
리나이다"(시 119:97)

마음 다해

나는 노래하네 소리 높여 노래 부르네
아름다운 그 이름 주님을 노래하네

마음 다해 노래하면 들어오는 주님 은혜
기뻐하고 소고 치며 주님을 노래하네

나는 찬송하네 온몸 다해 찬송 드리네
존귀하신 그 이름 주님을 찬송하네

정성 다해 찬송하면 밀려드는 주님 사랑
노래하고 춤을 추며 주님을 찬송하네

"처녀 이스라엘아 내가 다시 너를 세우리니 네가 세움을 입을 것이요 네가 다
시 소고를 들고 즐거워하는 자들과 함께 춤추며 나오리라"(렘 31:4)

그 누가

그 누가
섬기는 일이 어렵다고 하나
내 유익 버리면 아까운 것 하나 없네

그 누가
사람 사랑함이 아프다고 하나
주님 사랑만 알면 못할 일 하나 없네

그 누가
희생하는 것이 괴롭다고 하나
사랑만 오면 더 중언부언할 것 없네

그 누가
돕는 일이 힘들다고 하나
믿음만 되면 날마다 곧 새 힘 주시네

"여호와는 의로우사 의로운 일을 좋아하시나니 정직한 자는 그의 얼굴을 뵈
오리로다"(시 11:7)

이 하루

오늘도 때로는 정감 있게
약한 마음에 오는 정다운
소망의 소리 생명의 말씀

낙심하는 마음에 들리는
말씀 진리가 날 위로하면
영혼이 소생하는 이 하루

하늘 소리가 마음 울리면
힘이 나서 날아가는 영혼
말씀으로 사는 이 기쁜 날

말씀의 깊은 은혜 샘물이
목마른 사람을 해갈하면
살아나는 영혼, 나의 믿음

"여호와께서 이스라엘 족속에게 이와 같이 말씀하시기를 너희는 나를 찾으
라 그리하면 살리라"(암 5:4)

나

지나간 세월 속에
어렵고 막힌 길을 열어주신
주님 은혜를 잊지 못하는 나

그 지난 삶들을
인도해 주시고 돌보아주신
주님 사랑에 항상 고마운 나

날마다 힘차게
주님께 감사하고 기뻐하며
주님 믿고 사는 믿음의 나

오늘도 내일도
주님만 의지하면 달라지는
천한 내 육신도 고마운 나

"여호와의 말씀이니라 나는 가까운 데에 있는 하나님이요 먼 데에 있는 하나
님은 아니냐"(렘 23:23)

누리는 기쁨

믿음이 주는 보화
마음에 가득 들어오면 영혼이 누리는 기쁨이

물밀듯 차오르고
마음은 풍성하게 몸은 높이 떠서 날아오르고

믿음이 주는 능력
믿는 사람에게 내려오는 충만한 주님 은총이

외론 마음 감싸주면
영혼은 기뻐하며 주님을 그리네 주님 섬기네

"의인의 길은 돋는 햇살 같아서 크게 빛나 한낮의 광명에 이르거니와"
(잠 4:18)

하늘 빛

아침 해가 떠오른다
캄캄한 세상을 밝혀주는 빛난 해가 솟는다

그러나 곤한 마음속
어둔 마음을 밝혀주는 해는 언제 떠오르나

세상 고된 삶에서
밝은 소망의 빛은 언제나 내게로 스며드나

차고 거친 영혼에
서광의 하늘빛은 언제나 마음에 들어오나

심령 내면 저 밑
검은 바닥에 영광의 빛은 그 언제 비쳐오나

"예수께서 또 말씀하여 이르시되 나는 세상의 빛이니 나를 따르는 자는 어둠
에 다니지 아니하고 생명의 빛을 얻으리라"(요 8:12)

주님뿐

지금은 누구나 다 자신 있게
힘차고 당당하게 살아가지만
그 언제 홀연히 닥치는 고난
우리 육신이 스러지는 곳에서
나를 돌봐 줄 이 우리 주님뿐

지금은 밝고 맑은 온전함으로
힘차게 건강하게 살아가지만
그 언제 불시에 늙어가면서
몸, 마음이 쇠해지는 그날에
내가 의지할 이 우리 주님뿐

지금은 활기 있는 생활력으로
모든 일 감당하고 헤쳐가지만
그 언제 도래할 고통 속에서
생애의 소망이 사라질 그때
날 지켜 줄 이는 우리 주님뿐

"살리는 것은 영이니 육은 무익하니라 내가 너희에게 이른 말은 영이요 생명
이라"(요 6:63)

주님 기도

엘리엘리 라마 사박다니
십자가 지시고 고통 중에
드리는 슬픈 주님의 기도

사무친 마음의 소원 담아
힘 다해 부르짖는 기도가
나의 마음을 아프게 하면

나도 주님을 따라 슬프게
엘리엘리 라마 사박다니
하고 마음으로 기도한다

기도만 하면 오는 큰 은혜
마음 적시는 감동 속으로
사랑의 핏물이 지나간다

"십자가의 도가 멸망하는 자들에게는 미련한 것이요 구원을 받는 우리에게
는 하나님의 능력이라"(고전 1:18)

바람

은혜의 바람이 분다
어디선지 모르게 마음 안에 따스한 바람이 불면

살며시 부는 바람에
멍든 마음 활짝 펴지고 슬픈 근심이 사라진다

어디서 오는지 모르는
은혜의 바람이 불어와 외로운 마음을 만져주고

한없이 밀려드는 바람이
영혼을 흔들어만 주면 돌 같은 육신도 깨어난다

"우리가 다 하나님의 아들을 믿는 것과 아는 일에 하나가 되어 온전한 사람
을 이루어 그리스도의 장성한 분량이 충만한 데까지 이르리니"(엡 4:13)

가야할 길

누가 뭐래도 주님 원하시면
힘들어도 속상해도 가야 하는 길

누가 말려도 내 몸 연약해도
주님께 감사하면서 가야 하는 길

누가 말해도 내 능력 약해도
견디면서 고단해도 가야 하는 길

누가 막아도 주님이 가라시면
부족해도 기뻐하며 가야 하는 길

"내가 네 갈 길을 가르쳐 보이고 너를 주목하여 훈계하리로다"(시 32:8)

79

주님의 날

오늘은 거룩한 주님의 날
하루 종일 주님 생각하고
주님만 의지하면서 사는

주일이 돌아오면 기쁘게
마음으로 주님을 바라고
주님만을 믿으면서 가는

주님의 날들을 몰랐다면
소망이 없는 오늘 하루도
속절없는 헛된 날이지만

주님을 묵묵히 바라보고
은밀히 주님을 예배하면
들어오는 기쁨 하늘 평안

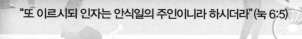

"또 이르시되 인자는 안식일의 주인이니라 하시더라" (눅 6:5)

품

무얼 하든지 안주할 곳 없는
외로운 영혼이 가고 싶은 곳 주 예수님 품

세상 가는 길은 많고 많아도
공허한 마음이 가고 싶은 곳 주 예수님 품

가는 길은 많이 열려 있어도
연약한 사람이 가고 싶은 곳 주 예수님 품

날 불러주는 곳은 많고 많아도
나 가고 싶은 곳은 오직 우리 주 예수님 품

"다른 이로써는 구원을 받을 수 없나니 천하 사람 중에 구원을 받을 만한 다른 이름을 우리에게 주신 일이 없음이라 하였더라"(행 4:12)

생명 물

찬란하고 빛난 물결이 강을 온통 뒤덮으면
마음에도 아름다운 은혜 물이 아롱아롱 맺히네

봄바람이 문득 불어서 강물이 은물결 이루면
나의 몸도 덩달아 은물결 타고 씩씩하게 달리네

황금색 금물결이 수평선을 황홀하게 물들면
마음속에도 금빛 생명 물결이 새록새록 샘솟네

영혼에 솟는 희열과 기쁨 사랑 샘이 벅차게
삶 속에 들어오면 영혼도 출렁출렁 기쁘게 웃네

"또한 그로 말미암아 우리가 믿음으로 서 있는 이 은혜에 들어감을 얻었으며 하나님의 영광을 바라고 즐거워하느니라" (롬 5:2)

새로움

세상만 따르던 사람이
주님의 사랑을 알고 나니
믿음 없던 날이 너무 아쉽습니다

믿음 안에 잠기는 시간
뜨겁고 절절한 은혜가 오면
마음은 바다처럼 늘 새롭습니다

믿음 안에 사는 동안
신비한 은혜로 물이 차오면
세상 근심도 어느새 사라집니다

주님 사랑이 깊어지면
영혼은 은혜의 주님 안에서
슬픔 어린 마음도 곧 밝아집니다

"우리가 그를 힘입어 살며 기동하며 존재하느니라 너희 시인 중 어떤 사람들
의 말과 같이 우리가 그의 소생이라 하니"(행 17:28)

교제

조용한 시간에
주님을 따라서 날마다 나가면

가난한 마음에
스치는 세미한 주님의 그 음성

빈궁한 사람도
끝없이 주님을 사모하다 보면

들어오는 그 빛
마음 안에 오는 영광의 그 말씀

말씀만 늘 들으면
내려오는 선물 천상의 큰 은혜

"너희가 온 마음으로 나를 구하면 나를 찾을 것이요 나를 만나리라"
(렘 29:13)

지성소

육신의 한계 넘어
주님을 따라가는 연약한 사람

늘 불러도 대답이 없는
허탄한 오늘 비고 빈 삶 속에

애를 쓰며 찾아다니던
주님찾아 헤매던 40년 그 세월

내면으로 들어가야 되는
영혼의 지성소 주님이 계신 곳

마음 안에 스미는 황홀한
주님사시는 그 나라 현세 천국

"그러나 네가 거기서 네 하나님 여호와를 찾게 되리니 만일 마음을 다하고
뜻을 다하여 그를 찾으면 만나리라"(신 4:29)

아는 것

부지런히 일을 하다가
불시에 능력이 올라오면
그 의미가 무엇인지 알게 됩니다

끊임없이 기도하다가
마음에 감동이 들어오면
그 뜻인지 무엇인지 알게 됩니다

부지런히 섬기다가
절절한 기쁨이 들어오면
그 은혜가 무엇인지 알게 됩니다

하는 일마다 세세히
은혜로 이끄시는 주님 보면
그 사랑이 무엇인지 알게 됩니다

"느헤미야가 또 그들에게 이르기를 너희는 가서 살진 것을 먹고 단 것을 마시
되 준비하지 못한 자에게는 나누어 주라 이 날은 우리 주의 성일이니 근심하
지 말라 여호와로 인하여 기뻐하는 것이 너희의 힘이니라 하고"(느 8:10)

망설임

주님이 오늘
너는 나를 아느냐고 물으시면
저는 압니다 대답할 것입니다

주님이 나에게
너는 나를 사랑하느냐 물으면
사랑합니다라고 대답할 것입니다

그러나 주님이 나에게
내 일을 하겠느냐고 물으시면
저는 망설이며 말을 못 합니다

믿음이 있다고 하면서
힘든 일은 안 하려는 나쁜 사람
저의 게으름 잘 알고 있습니다

그리고 대답만 하면
해야 할 일이 있는 것을 알기에
피하려는 못된 저를 잘 압니다

"그러나 내가 가는 길을 그가 아시나니 그가 나를 단련하신 후에는 내가 순금 같이 되어 나오리라"(욥 23:10)

열매

사방의 차가운 소음들 세상의 냉기가 넘쳐나서
마음을 멍들게 해도

믿음에는 고난이 보약 고난을 겪은 사람들에게
주시는 주님의 위로

주님 사랑으로 나가다가 사랑 씨를 매일 뿌리면
거두는 열매 한가득

열매를 마음에 가득 채우면 영혼의 기쁨이 열배
마음에 오는 희락은 백배

"나를 믿는 자는 성경에 이름과 같이 그 배에서 생수의 강이 흘러나오리라 하시니"(요 7:38)

온전함

사건 속에서
험한 고비 넘어가면서 주님만 붙들던 그날들

빈궁한 사람이
믿음 안에서 풍성하게 맛보는 비밀한 그 사랑

육신이 경험하는
믿음의 열매 평화, 평안 하늘 보화가 밀려드는

마음자리 그곳
주님 믿는 사람에게 오는 큰 복 찬란한 영광

"우리가 마음에 뿌림을 받아 악한 양심으로부터 벗어나고 몸은 맑은 물로 씻음을 받았으니 참 마음과 온전한 믿음으로 하나님께 나아가자"(히 10:22)

봄 향기

봄 냄새가 풍기는 동산에서
고운 노랫소리가 들려오면

봄바람에 펴지는 나의육신
봄 향기에 녹아드는 내 영혼

꽃향기 냄새에 취할 때면
육신은 하늘로 날아오르고

마음은 오늘도 은혜 안에서
한없이 끝없이 주님 따르면

가난한 마음은 벅찬 은혜로
충만해 나르네 영혼 울리네

"오직 나는 주의 풍성한 사랑을 힘입어 주의 집에 들어가 주를 경외함으로 성
전을 향하여 예배하리이다"(시 5:7)

반석

정성 드려 손발 드려 재능 드리며
사는 날도 끝까지 주님 따르는 우리들

무능하지만 종의 멍에 매일 지고
믿음만 따르는 속절없고 갈한 생애 속에서

수시로 주님만을 바라보는 마음에
믿음을 의지하면서 날마다 드리고 싶은 말

주님은 나의 반석, 방패, 나의 피난처
주님만이 나의 기쁨 위로 나의 소망되시네

"그러므로 자기를 힘입어 하나님께 나아가는 자들을 온전히 구원하실 수 있
으니 이는 그가 항상 살아 계셔서 그들을 위하여 간구하심이라"(히 7:25)

큰 영광

우리 인생에
믿음만 있으면 되는데

믿음을 모르면
세상과 그 인생도 헛것

믿음을 떠나서
세상에 속해 살아가다

실패하는 우리 삶
비어버린 영혼의 슬픔

그러나 날마다
주님 구원을 바라보며

주님 따르면 영광
참된 믿음이면 큰 영광

"좁은 문으로 들어가기를 힘쓰라 내가 너희에게 이르노니 들어가기를 구하
여도 못하는 자가 많으리라"(눅 13:24)

욕망

이미 다 주셨는데 더 달라면서
안 준다고 투정하는 나

이미 다 얻었는데 더 얻으려고
부족하다고 불평하는 나

이미 다 가졌는데도 부족하다고
아직이라고 원망하는 나

매일 불평을 하면서 살아가면서
안달만 하면서 떼쓰는 나

항상 채우고 채워도 더 못 가져
아니라고 중얼거리는 나

"네 시작은 미약하였으나 네 나중은 심히 창대하리라"(욥 8:7)

귀한 믿음

시련의 그날들 멸시 천대 속에
주님 모멸 배우고

괴로운 그날에 실패 실망 속에
주님 추락 익히고

아픔의 그 순간 질고 질병 속에
주님 아픔 느끼는

슬픔의 그 시절 고통 낙심 속에
주님만을 바라는

천한 이가 주님 은혜를 만나서
자라는 귀한 믿음

"그의 오른손에는 장수가 있고 그의 왼손에는 부귀가 있나니"(잠 3:16)

나의 힘

나의 의지, 나의 소망
주님께 나의 삶 드리면 들어오는 기쁜 마음

나의 힘, 나의 사랑
주님께 시선만 맞추면 내려오는 주님 은혜

나의 반석, 나의 방패
주님께 피하기만 하면 밀려드는 주님 위로

나의 기쁨, 나의 생명
마음만 드리면 내려오는 깊은 주님의 은총

"보라 하나님은 나의 구원이시라 내가 신뢰하고 두려움이 없으리니 주 여호
와는 나의 힘이시며 나의 노래시며 나의 구원이심이라"(사 12:2)

위로

여기저기서 들리는
삶의 아우성 파편들

길을 가다가 들리는
곤한 생애의 소음들

슬프고도 고단한 땅
세상은 질고뿐이나

저 하늘을 바라보면
평화 평강, 우리 믿음

주님 안에서 맛보는
하루 속에 오는 위로

누추한 마음자리에
들어오는 주님 은혜

"여호와의 종 모세가 너희에게 명령하여 이르기를 너희의 하나님 여호와께
서 너희에게 안식을 주시며 이 땅을 너희에게 주시리라 하였나니 너희는 그
말을 기억하라"(수 1:13)

인내하며

어디서나 외면하고
무시해도 잠잠하고

어디서나 손해보고
빼앗겨도 인내하며

어디서나 멸시받고
왕따해도 축복하고

어디서나 추하다고
멀리해도 참아내며

어디서나 바보 같고
비웃어도 받아내고

"그러므로 내가 그리스도를 위하여 약한 것들과 능욕과 궁핍과 박해와 곤고
를 기뻐하노니 이는 내가 약한 그 때에 강함이라"(고후 12:10)

바라 봄

햇빛이 세상을 밝히면
뭇 사람들 일어나 활기차게 움직이고

신선한 냄새가 코를 진동하면
내 맘도 주님을 바라보며 기쁨 누리고

상큼한 풀냄새가 벌판에 가득차면
내 육신도 끊임없이 믿음을 따라가고

눈부신 햇빛이 어둠을 밝히면
뭇 영혼도 기뻐하며 주님을 바라보고

"믿음이 없이는 하나님을 기쁘시게 하지 못하나니 하나님께 나아가는 자는
반드시 그가 계신 것과 또한 그가 자기를 찾는 자들에게 상 주시는 이심을 믿
어야 할지니라"(히 11:6)

사람 그리고 나

사람들
나 위해준 일 별로 없었고
나 도와준 일 별로 없지만
나 그들 때문에 참 힘들었습니다

사람들
나 지켜준 일 별로 없었고
나 알아준 일 전혀 없지만
나 그들 때문에 늘 속상했습니다

사람들
나 섬겨준 일 전혀 없었고
나 사랑준 일 전혀 없지만
나 그들 때문에 참 외로웠습니다

사람들
나 외면한 일 너무 많았고
나 멀리한 일 너무 많지만
나 그들 때문에 늘 서러웠습니다

"무릇 하나님께로부터 난 자마다 세상을 이기느니라 세상을 이기는 승리는
이것이니 우리의 믿음이니라" (요일 5:4)

나의 길

주님은 나를 인도해 주시며
오늘도 미래 일 알게 하시고
나의 가는 길을 보여주십니다

주님은 나를 돌보아 주시며
앞으로 나갈 길 알려주시고
나의 사는 길을 지켜주십니다

주님은 나를 보호해 주시며
날마다 하루 일들을 보시고
나를 이끄시고 도와주십니다

주님은 나를 사랑해 주시며
오늘도 닥치는 시련 속에서
나의 그 앞길을 열어주십니다

"우리는 모세가 이스라엘 자손들에게 장차 없어질 것의 결국을 주목하지 못
하게 하려고 수건을 그 얼굴에 쓴 것 같이 아니하노라" (고후 3:13)

불꽃

나의 생명은
꺼지다 말은 미약한 불꽃

바람이 불면
푹 꺼지는 약한 작은 불꽃

그러나
늘 생명의 불을 지피면서

끊임없이
믿음 배에 사랑 불 켜고서

주님 향해
영혼배를 모는 작은 사공

생명의 불꽃
다할 때까지 노를 저으며

주님을 배우며
은혜를 쫓는 믿음 뱃사공

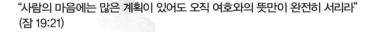

"사람의 마음에는 많은 계획이 있어도 오직 여호와의 뜻만이 완전히 서리라"
(잠 19:21)

현주소

어디 갈 곳 하나 없다
그것이 믿음 현주소

어디를 보고 찾아가도
돌아오는 멸시와 천대

잠깐만 기대면 맛보는
냉기어린 미소 속에서

마음을 울리는 왕따가
외로운 마음에 닿으면

아파 떠는 몸과 마음
곤하고 외로운 사람이

들어가 쉬고 싶은 곳
우리 갈 곳 주님 나라

"이러므로 우리에게 구름 같이 둘러싼 허다한 증인들이 있으니 모든 무거운
것과 얽매이기 쉬운 죄를 벗어 버리고 인내로써 우리 앞에 당한 경주를 하며"
(히 12:1)

간구

주님 제게로 속히 와 주소서
곤하고 가난한 저의 안으로 어서 와주소서

주님 난 주님을 기다리오니
추하고 빈궁한 육신 안으로 빨리 와주소서

주님 제가 주님을 원하오니
갈하고 척박한 마음 안으로 속히 와주소서

주님 제게로 지금 와 주소서
못나고 비천한 제 삶속으로 어서 와 주소서

"오직 나는 가난하고 슬프오니 하나님이여 주의 구원으로 나를 높이소서"
(시 69:29)

사랑은

사랑은 살아있어서
속 안에서 꿈틀거리며
속히 나가려고 버둥대고

사랑을 눌러버리면
안에서 아우성치다가
마음 문 박차고 떠나가고

사랑은 역동적으로
마음 담 뛰어만 넘으면
한사람 생명을 위로하고

사랑은 마음이
감정에 닿으면 즉시로
외로운 사람을 살려주고

"도둑이 오는 것은 도둑질하고 죽이고 멸망시키려는 것뿐이요 내가 온 것은
양으로 생명을 얻게 하고 더 풍성히 얻게 하려는 것이라"(요 10:10)

살리네

오늘도 몸 마음이 지칠 때면
사방을 보아도 마음 둘 곳은 하나도 없고

내일도 다리 힘이 풀릴 때면
세상을 보아도 마음 쉴 곳은 조금도 없네

육신이 쇠해갈 때면
이웃을 보아도 정 붙일 일이 아무데도 없는

그곳에 은혜가 들어만 오면
주님 사랑이 나를 이끄네, 믿음이 이기네

"너희가 내게 부르짖으며 내게 와서 기도하면 내가 너희들의 기도를 들을 것
이요"(렘 29:12)

은밀한 선물

휴지 같고 갈대 같은 사람들
외모는 당당하고 수단은 출중해도

내면은 무기력한 사람이
주님 바라보면 작아지는 몸과 마음

한없이 낮아진 마음으로
주님을 의지하면 솟는 은밀한 은혜

주님의 은혜 속에 산다면
깊어지는 말씀과 커가는 우리 영혼

마음을 믿음에 두면
끊임없이 내려오는 선물, 주님 사랑

"너는 네 떡을 물 위에 던져라 여러 날 후에 도로 찾으리라"(전 11:1)

일어남

거친 세상을 살아가면서
가는 앞날은 보이지 않아 늘 두려워도

매사 넘어지고 실패해도
의지할 곳은 주님뿐 믿음으로 가는 길

오늘 또 그 사랑으로
온 마음을 만족하게 해주면 소생하는

나의 그 가난한 마음에
주님 은혜만 오면 솟는 위로 그 평안

나의 그 슬픈 영혼에
주님만 믿으면 오는 은혜 큰 기쁨

"네가 만일 환난 날에 낙담하면 네 힘이 미약함을 보임이니라"(잠 24:10)

마음 가득

너는 두려워하지 말라
내가 너를 사랑하노라

불시에 들리는 말씀이
공허한 감정에 닿아서

말씀이 생명이 된다면
번성하는 나의 영혼 몸

번개 같은 하늘 음성에
내려오는 주님 나라가

무심한 감정에 들어와
마음 가득 생명이 되면

기쁘고 벅찬 이 좋은날
주님 주신 이 고마운 날

"여호와께서 자기 백성의 상처를 싸매시며 그들의 맞은 자리를 고치시는 날
에는 달빛은 햇빛 같겠고 햇빛은 일곱 배가 되어 일곱 날의 빛과 같으리라"
(사 30:26)

새 날

우리는 매일 가야지 멈추면 안 된다
앞만 보고 가면서 옷깃을 여미다가
들어오는 서러움에

마음이 좌절하는 곤고한 사람에게도
믿음을 의지하면서 꾸준히 나가다가
천지가 개벽하듯

열리는 새 은혜 들어오는 새 사랑에
감사하고 즐거운 행복한 믿음 안에서
깊어지는 소망과 기쁨

신비하신 주님의 세계가 들어만 오면
새 마음 새날 새로운 새 말씀 속에서
성장하는 나의 영혼

"예수께서 대답하여 이르시되 하나님께서 보내신 이를 믿는 것이 하나님의
일이니라 하시니"(요 6:29)

영혼의 소리

세상 일 다 잊고
외로이 나 혼자서 고요를 즐긴다

고요한 정적 속에
풀벌레 소리가 마음을 휘저으면

영혼의 전동차는
저 본향을 향하여 기적을 울린다

그리고

파동이는 바람도
세상의 소음도 숨죽인 시간에

영혼의 안테나는
천상을 향해 긴 깃발을 흔들며

울부짖는 내 육신은
믿음을 향해 힘 다해 뛰어 오른다

"만군의 여호와께서 우리와 함께 하시니 야곱의 하나님은 우리의 피난처시
로다"(셀라)(시 46:7)

우리

세상에서
살아가면서 늘 목마른 사람
모든 것이 있어도 늘 부족한 우리

삶 속에서
세상 지혜, 부요 자랑들 다 있어도
허기지고 모자라고 배고픈 우리

그러나
믿음 안에서 경험하는 큰 기쁨
주님의 은총 때문에 힘을 얻는 우리

그리고
날마다 만나는 주님 사랑과
은혜에 늘 고마워서 감사하는 우리

"그러나 우리는 그들이 우리와 동일하게 주 예수의 은혜로 구원 받는 줄을 믿노라 하니라"(행 15:11)

빈 속

오늘도 세상 삶에서
한없이 먹어도 빈 곳은 채워지지 않아

속절없는 육신은
세상을 떠돌아도 빈 속은 거기서 거기

오늘도 부지런히
돌며 찾아다녀도 빈 영혼 항상 그대로

날마다 끊임없이
돌아다녀도 마음 허전함 멈출 길 없고

속이 빈 사람은
많이 채워도 영혼 공허는 떠나지 않네

"또한 우리를 부당하고 악한 사람들에게서 건지시옵소서 하라 믿음은 모든
사람의 것이 아니니라"(살후 3:2)

이기며

내가 나인 줄 알고 살아도
내 안에 있는 다른 그 사람
내 안에 사는 전혀 다른 나를 보며

그 나를 보고 갈등하면서
그 나를 이기려고 애쓰는
그 나를 불신하는 나쁜 나의 모습

내가 진정한 나인 줄 아나
나 아닌 내 속의 또 다른 나
같이 사나 이중적인 나의 나를 보고

나도 모르는 그 나를 안 후
그가 나를 조종할 때마다
거짓 나를 이기며 사는 나의 하루

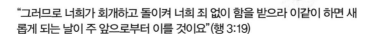

"그러므로 너희가 회개하고 돌이켜 너희 죄 없이 함을 받으라 이같이 하면 새
롭게 되는 날이 주 앞으로부터 이를 것이요"(행 3:19)

생수

목마르신 주님께
물 드린 우물가 여인처럼
나에게는 떠드릴 생수 없지만

마음만 드리면
은혜로 목을 축여 주시는
성령의 아름다운 사랑의 역사로

무심한 사람도
끊임없이 늘 나아만 가면
가난한 마음에 오는 하늘 은혜

하늘 생수가 가득
갈한 목을 축여만 주면
신비하게 열리는 무궁한 생명 맛

"살리는 것은 영이니 육은 무익하니라 내가 너희에게 이른 말은 영이요 생명
이라"(요 6:63)

안으로

밖으로 돌고 돌던 믿음을 떠나
안에서 안으로 마음 삭이던 날
마음 안에서 만나는 우리 주님

세상만 좋아하던 둔한 사람이
믿음 안으로 내려가다가 문득
만나는 사랑에 눈뜨는 내 영혼

사람들과 늘 어울리던 사람이
비밀한 속 내면으로 찾아가는
안에서 안으로 내려가는 그길

속에서 속으로 내려가는 그곳
비탈진 바닥 저밑 궁창 아래서
풍성하게 열리는 거룩한 은혜

"심령이 가난한 자는 복이 있나니 천국이 그들의 것임이요" (마 5:3)

허무

오늘도 네 청춘의 그날 그 힘과
네 힘이 왕성하던 그날은 어디에

내일도 네 활력이 넘치는 그날과
네 용기가 빛나던 그날은 어디에

모래도 네 지혜가 새롭던 그날과
네 희망이 샘솟던 그날은 어디에

미래도 네 육체가 힘나던 그날과
네 사랑이 풍성한 그날은 어디에

그리고 네 믿음이 활기찬 그날과
네 청년의 새롭던 그날은 어디에

"너희는 인생을 의지하지 말라 그의 호흡은 코에 있나니 셈할 가치가 어디 있느냐"(사 2:22)

안식

세상 삶이 편안하면 무심히 살아가다
조금만 요동치면 흔들리는 나약한 육신

세상 풍파 속에 마음 고생은 힘들지만
힘든 좌절 속에 경험하는 절절한 은혜

믿음으로 살아가면 감사한 오늘 하루
믿음 안에 사는 참된 기쁨은 오직 주님

고난 속에 바라볼 곳은 다만 우리 주님
시련 속에 의지할 분은 사랑의 주님뿐

믿음만 떠올리면 들어오는 주님 사랑
한날의 큰 기쁨과 안식은 주님 한 분뿐

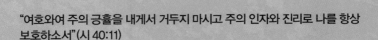

"여호와여 주의 긍휼을 내게서 거두지 마시고 주의 인자와 진리로 나를 항상
보호하소서" (시 40:11)

사랑 속에

사랑 속에 살려면 마음 힘든 세상 것들
조건 없이 비우며 가는 것입니다

사랑으로 하려면 나의 물질, 나의 재능
감사하며 흘려보내는 것입니다

사랑으로 살려면 나의 시간 모든 섬김
즐겁게 던지면서 가는 것입니다

사랑 속에 행하려면 나의 소유 모든 것들
미련 없이 떠나보내는 것입니다

"나는 비천에 처할 줄도 알고 풍부에 처할 줄도 알아 모든 일 곧 배부름과 배
고픔과 풍부와 궁핍에도 처할 줄 아는 일체의 비결을 배웠노라"(빌 4:12)

인도

친한 사람 멀어지고
세상 삶은 어렵지만

외로운 하루 속에서
척박한 마음에 오는

근심, 걱정, 모든 시련
세상은 너무 힘드나

주님만 보면 마음에
솟는 은혜, 평화, 평안

주님 은혜 따르다가
밀려오는 겸허, 겸비

주님 믿음 의지하면
성장하는 영혼, 영성

"사람이 마음으로 자기의 길을 계획할지라도 그의 걸음을 인도하시는 이는
여호와시니라"(잠 16:9)

3부

주님은 왜

육신밖에 모르는 나
늘 자기 만족으로 나가면서

나만 아는 사람이
세상 것만 매일 좋아하면서

자기만 믿고 사는
내가 얼마나 나쁜 사람인데

그런 죄인 나를
주님은 왜 돌보아 주시는지

그런 죄수인 나를
주님은 왜 늘 지켜주시는지

그런 흉한 사람을
주님은 왜 사랑해 주시는지

"여호와여 사람이 무엇이기에 주께서 그를 알아 주시며 인생이 무엇이기에
그를 생각하시나이까"(시 144:3)

성령의 맛

세상 것 가지고 싶어서 애를 쓰던 사람이
주님을 늘 따라가다가

날마다 비우고 비우면서 비운 자리에 오는
하늘의 평안, 평강, 평화

마음을 낮추면 들어오는 영혼의 귀한 보화
믿음과 사랑, 희락, 희열

마음에 가득히 밀려드는 거룩한 성령의 맛
온유와 겸손, 충성, 자비

**"그를 높이라 그리하면 그가 너를 높이 들리라 만일 그를 품으면 그가 너를
영화롭게 하리라"(잠 4:8)**

무지개

이 하루 일해도 되는 것은 하나 없지만
끊임없이 기도를 한다면 아시는 주님

오늘 하루 시간도 오직 주님만 그리는
은혜로운 하루 속에 주님만 붙들다가

일곱 색깔 황홀한 무지개가 떠오르면
곤한 마음에 와닿는 신비한 생명의 빛

주님 사랑을 맛보다가 깊어지는 은혜
불같은 사랑으로 달궈지는 나의 마음

주님 안에서 맛보는 믿음 사랑 소망이
온몸을 붉게 물들면 만족한 나의 영혼

"나는 너를 애굽 땅, 종 되었던 집에서 인도하여 낸 네 하나님 여호와라"
(신 5:6)

갈망

날마다 저의 추한 죄들을 보시고
저의 비굴함을 아시는 주님이시여

지난 날의 헛된 삶을 돌아보면서
마음을 돌이키는 저를 보시는 주여

삶에서 오는 시련 속에 낙심하는
슬픈 사람이 오직 주님만 바라오니

지금 속히 오시어 소망이 되어서
검은 제 영혼의 빛이 되어 주소서

"나의 부르짖음을 들으소서 나는 심히 비천하니이다 나를 핍박하는 자들에
게서 나를 건지소서 그들은 나보다 강하니이다"(시 142:6)

135

섬김

하면 됩니다
시작만 하면 주님이 힘을 주십니다

검불 하나
들 힘이 없어도 주님 은혜를 힘입어

말씀을 듣다가
속 생명이 날개를 치면 가야 합니다

하면 됩니다
순종할 때 오는 새 소망을 가지고서

오늘도 끊임없이
믿음에 마음 두고 매일 나아갑니다

"여호와여 내가 주께 대한 소문을 듣고 놀랐나이다 여호와여 주는 주의 일을
이 수년 내에 부흥하게 하옵소서 이 수년 내에 나타내시옵소서 진노 중에라
도 긍휼을 잊지 마옵소서"(합 3:2)

반응

어느 날 주님이 너는 나를 아냐고
물으시면 할 말이 없습니다

왜냐하면 주님을 아직도 못 믿는
나 자신을 잘 아는데

주님이 너는 저 사람을 사랑하냐고
물으시면 할 말이 없습니다

왜냐하면 나는 나만 챙기며 사는
나인 것을 잘 아는데

주님이 너는 나를 사랑하느냐고
물으시면 근심이 됩니다

왜냐하면 부탁하실 일을 아니까
오직 침묵할 뿐입니다

"자기 허물을 능히 깨달을 자 누구리요 나를 숨은 허물에서 벗어나게 하소
서"(시 19:12)

137

나의 삶

나의 영혼아
너는 어디서 와 어디로 가는가
네가 온 곳은 그 어디이며 이제
너의 가는 곳은 그 어느 곳인가

나의 영혼아
너는 메마른 땅에 뿌리를 박고
물이 없는 척박한 세상 속에서
무엇 때문에 힘들게 살고 있나

나의 영혼아
전날 청청한 젊음의 푸른 시절
네 맘을 불태우던 주님 사랑을
버리고 너는 지금 어디로 가나

나의 영혼아
사랑의 주님을 매일 찾아다닌
전날의 네 믿음은 어디로 가고
지금 그 어디를 헤매고 떠도나

"내 영혼아 네가 어찌하여 낙심하며 어찌하여 내 속에서 불안해 하는가 너는
하나님께 소망을 두라 그가 나타나 도우심으로 말미암아 내가 여전히 찬송
하리로다"(시 42:5)

그대

그대는 바라보는가 신비한 곳
하늘 생명 샘에 목축이며 가고 싶은 곳

그대는 들리는가 귀한 음성
정감있게 떨리게 우리 향해 하시는 말씀

그대는 느끼는가 저 높은
영광의 주님이 살아계신 아름다운 저곳

그대는 기억하는가 믿음의 그곳
아름답고 풍성한 주님 사랑으로 사는 곳

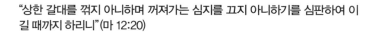

"상한 갈대를 꺾지 아니하며 꺼져가는 심지를 끄지 아니하기를 심판하여 이
길 때까지 하리니"(마 12:20)

앙모

나의 생명의 구주인 주님
진실한 마음이 하나 없는
저를 아시고 오시는 주님

믿음 안에서 얻은 것들이
무엇인지 통 알지 못하는
사람에게 늘 오시는 주님

주안에서 이미 얻은 것을
보면서 믿지 못하는 저를
보셔도 매일 오시는 주님

주안에서 이미 다 누리며
사는데 그것도 잘 모르는
저를 보고도 오시는 주님

주님을 부르는 빈말뿐인
부족한 나를 보시면서도
그래도 오시는 나의 주님

"내가 허탄한 거짓을 숭상하는 자들을 미워하고 여호와를 의지하나이다"
(시 31:6)

12장

샤론의 꽃

너는 한송이 예쁜 꽃
하늘 보고 나풀대며
하늘하늘 춤추는 꽃

너는 착하고 순한 꽃
곱고 맑은 표정 속에
날 반겨주는 예쁜 꽃

너는 별같이 빛난 꽃
슬픈 영혼 만져주는
정이 많은 사랑의 꽃

너는 해처럼 밝은 꽃
빈 마음에 소망 주는
맑은 고운 샤론의 꽃

"나는 샤론의 수선화요 골짜기의 백합화로다"(아 2:1)

129

마음

소용없는 마음에 오시는 나의 주님이시여
힘없는 저를 아시는 주여

부질없는 마음을 돌보는 나의 주님이시여
제게로 어서 속히 와주소서

낮고 천한 마음의 소망인 나의 주님이시여
빈궁한 저를 아시는 주여

죄 많은 저를 보시고도 오시는 주님이여
지금 속 안으로 속히 와주소서

"모든 지킬 만한 것 중에 더욱 네 마음을 지키라 생명의 근원이 이에서 남이
니라"(잠 4:23)

나만이

주님이 얼마나 고마운지 기쁜지
나만이 아는 비밀

주님이 얼마나 감사한지 미쁜지
나만이 아는 은혜

주님이 얼마나 가까운지 친한지
나만이 아는 관계

주님 얼마나 아름다운지 선한지
나만이 아는 세계

주님이 얼마나 거룩한지 귀한지
나만이 아는 믿음

"내가 산을 향하여 눈을 들리라 나의 도움이 어디서 올까"(시 121:1)

나의 대답

사막에서 부는 바람이
온몸을 스치며 큰 소리 치면서
너 가는 곳이 어디냐고 물으면

내가 가는 길이 나도 어디인지
모르고 사니 어서 속히 가라고
대답하고 싶어요

바다에서 부는 폭풍이
뺨을 스쳐지나가며 하는 말이
너 사는 곳이 어디냐고 물으면

나의 사는 곳이 어디인지 나도
몰라 대답할 말이 없으니 어서
가라고 대답할거예요

그러나 아름답고 귀하신
주님 말씀이 귓가를 울리면서
네 하는 일이 무어냐고 물으면

나도 하는 일들을 하나도 몰라
방황하지만 주님만 의지하면서
살거라고 말하고 싶어요

"어떤 국민이 불 가운데에서 말씀하시는 하나님의 음성을 너처럼 듣고 생존
하였느냐"(신 4:33)

보임

주님 앞에 날마다 나가고
순간마다 주님 생각하면
내가 보여

밤새우며 기도를 하면서
끊임 없이 말씀을 들으면
추한 내가 보여

부지런히 주님을 그리고
정성 다해 주님을 바라면
거짓된 내가 보여

나만 아는 속된 삶 속에
너무 미약한 자신을 보면
빈궁한 내가 보여

나를 보고 늘 주님 보면
나 향해 웃는 이가 보여
비굴한 내가 보여

날마다 주님을 묵상하면
추하고 가증스런 눈에도
주님의 보혈이 보여

"하나님은 아프게 하시다가 싸매시며 상하게 하시다가 그의 손으로 고치시
나니"(욥 5:18)

돌아감

주여 허물 많은 죄인을 돌아보시고
죄 많은 사람의 기도를 들어주소서

무지 무능하고 무식한 줄 잘 알면서
마음대로 살아온 어리석은 그날들

믿음의 깊은 의미 모르고 세상에서
마음대로 산 그른 그 삶을 깨닫고

나의 죄를 알고 주님께 돌아가오니
죄 많은 죄인 저를 용서해 주소서

"오직 내 말을 듣는 자는 평안히 살며 재앙의 두려움이 없이 안전하리라"
(잠 1:33)

은총

초롱초롱 빛나는 마음에
빛나는 별처럼

아름답게 빛나는 그 빛
파란 영혼의 빛

빛난 하늘에 흰 사람이
펄럭펄럭 기쁘게

멀리멀리 날아서 마음껏
끝없이 맴돌면

아롱아롱 어리는 은총에
힘나는 나의 영혼

"대저 나를 얻는 자는 생명을 얻고 여호와께 은총을 얻을 것임이니라"
(잠 8:35)

깊은 은혜

먼 산을 바라보면 안개가 자욱하고
먼 곳을 쳐다보면 구름이 하늘 가득

험한바다 풍랑 속의 마음은 아파도
믿음의 닻줄 잡고 힘차게 나가다가

잔잔하라 하시는 주님의 말씀 듣고
힘을 얻고 일어나는 무거운 나의 몸

주님 말씀에 힘을 얻어 나가는 오늘
말씀이 생명으로 들리는 순간 속에

영생의 맛으로 달궈지는 영혼 안에
귀한 사랑으로 깊어지는 주님 은혜

"내 영혼이 여호와의 궁정을 사모하여 쇠약함이여 내 마음과 육체가 살아 계
시는 하나님께 부르짖나이다"(시 84:2)

열매

믿음은 언제나
마음속에서 시작

마음에 오는
진리 말씀 속에서

올라가는 믿음
자라는 영혼 성숙

믿음의 그 길에
열리는 귀한 은혜

주님이 주시는
기쁨 희락의 새 맛

성도가 맛보는
주님 주신 사랑 맛

"예수 그리스도로 말미암아 의의 열매가 가득하여 하나님의 영광과 찬송이
되기를 원하노라"(빌 1:11)

큰 선물

믿음이 부족하면 주님은 멀어지나
은혜가 깊어지면 번성하는 그 하루

믿음이 성장하면 뜨거운 은혜 안에
주님을 의지하는 아름다운 사람들

믿음이 올라가면 들어오는 그 말씀
샘솟는 진리 맛에 변화되는 영혼들

말씀의 참 맛 속에 자라가는 믿음에
무시로 들어오는 큰 선물, 주님 지혜

"볼지어다 내가 내 아버지께서 약속하신 것을 너희에게 보내리니 너희는 위
로부터 능력으로 입혀질 때까지 이 성에 머물라 하시니라"(눅 24:49)

두 길

믿음은 영혼의 구원
믿음 안에 영이 살면
육이 아닌 영으로 가는

영이 살아난 사람은
영의 의지로 가면서
육이 아닌 영으로 살고

영의 말씀 따라가며
영으로 기쁨 누리고
영으로 주님을 뵈다가

영의 몸인 영의 사람
영적인 은혜 안에서
혼이 거듭난 영의 사람

"하나님께서 각 사람에게 그 행한 대로 보응하시되"(롬 2:6)

동행

주님이 목마르면
나도 같이 목마르고

주님이 몸 아프면
나도 같이 몸 아프고

주님이 못 박히면
나도 같이 못 박히며

주님 무덤 속 그날
나도 무덤 같은 날에

말씀과 동행하면서
주님 따르는 속된 나

"또 자기 십자가를 지고 나를 따르지 않는 자도 내게 합당하지 아니하니라"
(마 10:38)

부르심

주님이 나를 쓰신다
알게 모르게 알 수 없는 능력이 오면
나는 받아들여야 합니다

주님이 나를 부르신다
어느 날 소리 없이 솟는 지혜가 오면
나는 따라 가야 합니다

주님이 나를 이끄신다
언제나 어느 때나 마음에 감동이 오면
나는 순종해야 합니다

주님이 나를 찾으신다
어느 순간에 나를 지명하여 부르시면
나는 일어나 가야 합니다

"야곱아 너를 창조하신 여호와께서 지금 말씀하시느니라 이스라엘아 너를
지으신 이가 말씀하시느니라 너는 두려워하지 말라 내가 너를 구속하였고 내
가 너를 지명하여 불렀나니 너는 내 것이라"(사 43:1)

사랑

한없이
이 미물같이 비천한 사람을
날마다 사랑해 주시는 주님

오늘도
속된 사람을 아시고 보셔도
늘 돌보아 주시는 우리주님

날마다
자나 깨나 주님만 바라보며
살아온 나를 아끼시는 주님

언제나
추하고 이 미천한 사람에게
자비와 긍휼로 오시는 주님

그리고
오늘도 거머리 같은 이 나를
사랑해 주시는 은혜의 주님

"보라 아버지께서 어떠한 사랑을 우리에게 베푸사 하나님의 자녀라 일컬음
을 받게 하셨는가"(요일 3:1)

살아남

주님 사랑이
물밀듯 밀려들고

주님 은혜가
신속히 내려오면

거친 육신도
어느덧 깨어나고

주님 능력이
한없이 들어오면

쇠약한 사람도
불현듯 살아나고

무딘 육신도
불시에 일어나고

"나는 포도나무요 너희는 가지라 그가 내 안에, 내가 그 안에 거하면 사람이 열
매를 많이 맺나니 나를 떠나서는 너희가 아무 것도 할 수 없음이라"(요 15:5)

큰 길

깊은 은혜를 따라가면 샘이 솟는
말씀 생수에 목축이면서 가는 믿음의 여정에서

시련을 넘어 흑암의 세력을 이기면서
십자가의 길 넘고 넘으면서 가야 하는 순례의 길

굽이진 시련 길을 넘고 넘어가야 하는
영성의 가파른 골짝 주님 가신 낮고 험한 믿음 길

온 힘과 온 마음을 다해서 가는 그 길
진리를 따라가면 내려오는 생명 복음 주님의 길

"모세가 눈의 아들 여호수아에게 안수하였으므로 그에게 지혜의 영이 충만
하니 이스라엘 자손이 여호와께서 모세에게 명령하신 대로 여호수아의 말을
순종하였더라"(신 34:9)

신비

아무리 소리쳐도
돌아오는 공허한 메아리 사람의 소리

마음을 끌어당기는
탄식 속에 드리는 간절한 기도 소리

아무리 부르짖어도
드러나는 허상 가증스런 육신의 소리

육신으로 갈 수 없는
저 먼 곳 믿음으로 가는 신비한 나라

우리 영으로 가야
갈수 있는 영광스런 저 주님 계신 곳

"육으로 난 것은 육이요 영으로 난 것은 영이니" (요 3:6)

마음 눈

사랑은 주고 주다가
사랑을 배우고 전하고 익히면

마음에 들어오는 은혜
낮아진 마음에 주시는 큰 사랑

비움으로 가는 길에
들어오는 은혜 거룩한 영생 복

십자가를 생각하며
주님이 가신 길을 기쁘게 가면

들어오는 복중의 복
드디어 열리는 신령한 마음 눈

"여호와께서 맹인들의 눈을 여시며 여호와께서 비굴한 자들을 일으키시며
여호와께서 의인들을 사랑하시며"(시 146:8)

큰 빛

생명의 빛 받아 나가고 그 빛 따라 사는
영광의 환한 빛이 어두운 마음을 비치면

빛 되신 주님을 믿고 빛으로 나가는 우리
빛이 임하는 마음에 빛으로 오시는 주님

주님 사랑의 빛이 아름답게 내려오던 날
새 빛을 받아서 빛으로 소생하는 우리들

주님의 구원 빛을 따라가면서 끊임없이
주님을 아는 사람에게 오는 은혜 큰 빛

"너희에게 아직 빛이 있을 동안에 빛을 믿으라 그리하면 빛의 아들이 되리라
예수께서 이 말씀을 하시고 그들을 떠나가서 숨으시니라"(요 12:36)

147

새로운 날

일어납시다
송아지가 힘차게 뛰듯이
지금은 축적된 네 힘 사용할 때

걸어갑시다
주님 주시는 말씀 듣고
하루의 곤한 영혼 곧 일어나면

뛰어갑시다
성령의 새 능력 안에
새로운 날이 네 길에 곧 열린다

달려갑시다
믿음의 한걸음 뗄 때면
들어오는 은혜 사명감에 부푸는

올라갑시다
곤한 잠에서 깨어나면
주님을 향해 뛰어가는 하늘 백성

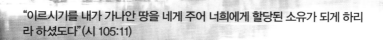

"이르시기를 내가 가나안 땅을 네게 주어 너희에게 할당된 소유가 되게 하리
라 하셨도다"(시 105:11)

사망 길

하루 종일 죄를 먹으며 죄 속에 살아도
죄를 모르는 나쁜 육신

죄가 세상에 난무해도 아무도 모르면서
죄에 묻혀 사는 우리

날이면 날마다 죄 속에서 죄를 풍기며
죄를 즐기며 사는 사람

믿음을 버리고 죄를 따라가도 몰라보는
육신으로 가는 사망 길

"회개하라 천국이 가까이 왔느니라 하였으니" (마 3:2)

나의 죄

우리는 오늘도
생각 안에 속해 살며 마음으로 짓는 죄

어디를 가든지
주님께 묻지 않고 내 결정으로 가면서

무슨 일이든지
내 마음만 믿으며 주님을 믿지 못하는

무심한 육신
나만 알고 나만 챙기려는 죄인 중 괴수

"베드로가 이르되 너희가 회개하여 각각 예수 그리스도의 이름으로 세례를
받고 죄 사함을 받으라 그리하면 성령의 선물을 받으리니"(행 2:38)

은혜로

돌아보면 공허한 지난 날
믿음을 모른 채 세상을 따르다가

들어오는 은혜로
말씀 듣고 다시 사는 오늘 이 하루

말씀에 힘을 받아
말씀 듣고 살아나는 곤한 사람이

주님 말씀에 물들다가
말씀 맛으로 깨어나는 나의 영혼

"죄가 너희를 주장하지 못하리니 이는 너희가 법 아래에 있지 아니하고 은혜
아래에 있음이라"(롬 6:14)

151

사귐

세상에 속해 살아가면서
무심히 가버린 세월

자기만 항상 생각하다가
믿음을 조금도 모르는

그런 사람에게도 불시에
생명 빛이 비쳐오면

귀하신 주님의 사랑으로
불시에 변하는 사람

강한 육신도 주님 은혜로
깊은 사랑을 만나면

영혼에 오는 믿음의 절정
큰 복은 말씀 진리뿐

"그가 빛 가운데 계신 것 같이 우리도 빛 가운데 행하면 우리가 서로 사귐이
있고 그 아들 예수의 피가 우리를 모든 죄에서 깨끗하게 하실 것이요"
(요일 1:7)

불확실

미래는 어둡고
거친 폭우, 폭풍, 폭염, 종말이 다가온다

사방은 막히고
미세먼지, 스모그, 병균, 생명이 위태하다

세상 풍파 때문에
거주할 이웃과 다정한 마음은 멀어져도

주님만 의지하면
들어오는 주님 사랑과 긍휼과 진리 말씀

주님만 바라보면
밀려드는 하늘 은총, 온유, 자비, 겸손, 충성

"그러므로 우리는 긍휼하심을 받고 때를 따라 돕는 은혜를 얻기 위하여 은혜의 보좌 앞에 담대히 나아갈 것이니라"(히 4:16)

험한 길

우리 믿는 자에게 오는 시험, 시련들
매일 날아오는 불화살

살아가다가 비수같이 쏘아대는 말에
찔리면 멍드는 마음

한순간 한마디가 화살같이 날아들면
소리 없이 흘리는 피

말 한마디 못하고
제단 위 재물처럼 몸, 마음은 죽어도

더 다치고 찔리면서
피를 보아야 시원한 냉정한 내 육신

"이에 예수께서 제자들에게 이르시되 누구든지 나를 따라오려거든 자기를
부인하고 자기 십자가를 지고 나를 따를 것이니라"(마 16:24)

알몸

내 몸 위해
옷을 날마다 갈아입지만

나의 옷을
매일 벗기시는 우리 주님

입은 옷을
자꾸만 벗기고 벗겨보니

드러나는 몸
벌거숭이 초라한 그 맨몸

옷은 많지만
믿음의 옷이 조금도 없는

비고 빈 영혼
사랑이 없는 천한 알몸

"그리스도 예수 안에서는 할례나 무할례나 효력이 없으되 사랑으로써 역사하는 믿음뿐이니라"(갈 5:6)

알아져

우리 믿음 길로 나간다면
마음도 생각도 다 이겨져

날마다 말씀을 잘 들으면
말씀의 맛들도 다 느껴져

누구나 은혜를 늘 받으면
주님 사랑도 전부 누려져

주님의 말씀을 늘 익히면
복음의 진리도 다 알아져

매일 은혜 받고 지낸다면
하늘의 복들도 다 믿어져

"그런즉 너희는 먼저 그의 나라와 그의 의를 구하라 그리하면 이 모든 것을
너희에게 더하시리라"(마 6:33)

할 일

속상한 날이 오면
근심과 감정의 흐름 속에
믿음을 붙듦이 우리의 할 일입니다

서러운 날이 오면
서글픈 시련의 어려움 속
믿음을 지킴이 우리의 할 일입니다

복잡한 날이 오면
문제와 사건의 부딪침 속
믿음을 쫓음이 우리의 할 일입니다

고난의 날이 오면
모든 근심과 문제 속에
믿음을 따름이 우리의 할 일입니다

"우리 중에 누구든지 자기를 위하여 사는 자가 없고 자기를 위하여 죽는 자
도 없도다"(롬 14:7)

문설주

광야 같은 세상에서
구름과 불 기둥으로 인도해 주시는 주님

그 고난 풍파 하루 속에
비탈진 굴곡 넘어가는 서러운 마음으로

주님을 바라만 보면
속 안에서 기쁘게 역동적으로 오는 생명

주님을 만나서
은혜 누림으로 날마다 나가는 사람 되면

그것이 너무 새로워
성전 문설주 옆에서 말씀만 기다리는 나

오늘도 오는 주님 은혜
비천한 사람에게 오는 기쁨 구원 희소식

"누구든지 내게 들으며 날마다 내 문 곁에서 기다리며 문설주 옆에서 기다리
는 자는 복이 있나니"(잠 8:34)

15장

보화

오늘도 마음 안에 느닷없는 은혜가 밀려들면
신속히 일어나 주님을 섬기면서 나가는

믿음으로 맛보는 쓰고 단맛에 마음 저리다가
천상의 메아리가 속 안에서 용솟음치면

진리 말씀의 속 생명을 끝없이 따라다니다가
미약한 마음자리에 고이는 주님의 은혜

주님 은혜를 따라가다가 들어오는 천상의 맛
낮은 자리에 임하는 보화, 온유, 겸손, 자비

"내가 밤에 침상에서 마음으로 사랑하는 자를 찾았노라 찾아도 찾아내지 못
하였노라"(아 3:1)

이김

우리가 기도를 늘 하나
시험, 환난, 근심, 고통이

마음을 늘 어지럽혀도
실패 속에 곧 일어나는

칠전팔기의 정신으로
주님을 의지하는 우리

세상을 보면 실망, 좌절
주님을 보면 소망, 기쁨

세상의 어려움 넘어서
믿음을 붙드는 우리들

주님을 믿으면 주시는
믿음의 절정 하늘 축복

"영접하는 자 곧 그 이름을 믿는 자들에게는 하나님의 자녀가 되는 권세를
주셨으니"(요 1:12)

울림

세상 지혜 내 방법으로 믿다가
주님 말씀에 놀라고

말씀 은혜가 늘 마음을 울리면
감동으로 힘이 나고

정감스러운 음성에 놀라는 몸은
떨려서 작아지고

거룩한 음성에 맘이 흔들리면
세상은 사라지고

영이신 주님을 만나면 육신은
놀라서 죽어지고

"혹은 누가 무저갱에 내려가겠느냐 하지 말라 하니 내려가겠느냐 함은 그리
스도를 죽은 자 가운데서 모셔 올리려는 것이라"(롬 10:7)

영광

마음에 오는 잔잔한 고요
혼자 사는 이 기쁨 무엇에 비하랴

주님이 듣고 하시는 말씀
네 길에 서광이 비치리라 하시면

들리는 음성에 감동, 감격
세상을 보면 실망, 주안의 큰 소망

주님과 동행하는 길에
주님의 사랑을 맛보는 벅찬 하루

주님을 사모하는 마음에
감동 깊이 밀려드는 크고 큰 은혜

"문지기는 그를 위하여 문을 열고 양은 그의 음성을 듣나니 그가 자기 양의
이름을 각각 불러 인도하여 내느니라"(요 10:3)

흘러넘쳐

고요한 아침에 주님을 바라보면
마음은 어느새 사랑이 흘러넘쳐

가난한 마음에 은혜가 들어오면
영혼은 끝없는 허공을 헤매면서

방황하는 외로운 마음 속안으로
말씀이 생명으로 들리기만 하면

마음도 몸도 신비한 은혜 속에서
영은 기쁘게 하늘로 날아오르네

"너희는 이 세대를 본받지 말고 오직 마음을 새롭게 함으로 변화를 받아 하나님
의 선하시고 기뻐하시고 온전하신 뜻이 무엇인지 분별하도록 하라"(롬 12:2)

파수

우리 마음 뒤흔드는 것은 과연 무엇인가
우리 소견의 갈등이 모두 무엇 때문인가

마음 어지럽히는 것 살피고 파수하면서
헛된 생각 다 버리고 말씀만 붙들고 가는

이면적 영성의 험한 골짜기 통과하면서
주님 향한 기도 소리가 영혼을 뒤흔드는

육신의 탄식이 허공을 채우는 그 순간도
마음의 기쁨과 소망은 오직 주님 한분뿐

"이는 천사가 가끔 못에 내려와 물을 움직이게 하는데 움직인 후에 먼저 들
어가는 자는 어떤 병에 걸렸든지 낫게 됨이러라]"(요 5:4)

갈 곳

이 세상은 소망 없는 곳
믿음이 아니면 살수 없는 곳

공허, 질병, 전쟁, 사건들
삶의 기쁨이 없는 우리 인생

그러나

헛된 세상을 멀리하고
말씀 듣고 살아야 속이 풀리는

믿음의 참된 기쁨은
오직 주님 은혜, 영혼 구원의 길

"은을 구하는 것 같이 그것을 구하며 감추어진 보배를 찾는 것 같이 그것을
찾으면"(잠 2:4)

동행

주님께 돌아만 가면
마음에 평안이 흘러

마음에 근심이 없어
항상 즐겁게 살 때면

편안해서 기뻐 웃고
즐거워서 뛰어 놀고

하루삶이 편안하면
감사해서 놀라 뛰고

마음 안에 은혜 오면
행복해서 기뻐 웃고

"오라 우리가 여호와께로 돌아가자 여호와께서 우리를 찢으셨으나 도로 낫게 하실 것이요 우리를 치셨으나 싸매어 주실 것임이라"(호 6:1)

은혜 길

마음을 바꾸어 믿음을 좇는 사람
마음을 드리면 열린다는 시온의 길

맑은 물 위에 내 얼굴 비추어 보면
추한 육신 보고 실망하며 애통하는

추하고 비천한 사람이 찾아가는 곳
주님이 가신 거룩하고 기쁜 구원 길

죄가 많은 사람에게 열리는 은혜 길
우리 모두 가야 할 소망스런 믿음 길

힘든 육신 떠 매고 가야할 이 진리 길
목숨 다해 가야 할 영광스런 주님 길

"그의 성호를 자랑하라 여호와를 구하는 자마다 마음이 즐거울지로다"
(대상 16:10)

거듭남

세상 애굽 보화가 많고 많아도
다 버리고 뒤로하고 가는 길에

믿음으로 홍해 광야 건너면서
가나안 가는 길은 매우 험해도

앞만 보고 나가야 이기는 믿음
반드시 들어가야 할 가나안 땅

마음의 견고한 진 육적 자아가
영혼 육신을 좀 먹고 방해해도

믿음으로 취하는 생명의 그 땅
마음 담을 넘어가야 되는 그곳

새 마음 새 자아로 가는 나라
은혜로 들어가면 얻는 믿음 땅

"또 그 안에서 너희가 손으로 하지 아니한 할례를 받았으니 곧 육의 몸을 벗
는 것이요 그리스도의 할례니라"(골 2:11)

168

바라봄

지식으로만 믿어지던 우리
생명의 말씀으로 믿어지고

주님 임재를 만나서 놀라면
믿음의 그 차이는 몇 배속

주님 생명의 말씀 길 따라서
한없이 끊임없이 가야하는

험하고 애달픈 여정들 속에
주님을 닮아서 살아만 가면

세상 보는 마음은 사라지고
주님 향한 마음은 올라가고

"믿음의 주요 또 온전하게 하시는 이인 예수를 바라보자 그는 그 앞에 있는
기쁨을 위하여 십자가를 참으사 부끄러움을 개의치 아니하시더니 하나님 보
좌 우편에 앉으셨느니라"(히 12:2)

순종

할 일 다하다가
비수같이 박히는 말 들어도

예수님 십자가에
못 박힌 자로 여기면서 가는

육신의 가치관이
바뀌는 것이 바로 우리 믿음

믿음이 자라면
주님 생명이 온다는 것 알면

아파도 슬퍼도
믿음의 길은 길고 먼 길이나

반드시 가야하는
주님 주신 그길 생명 구원 길

"믿음이 없이는 하나님을 기쁘시게 하지 못하나니 하나님께 나아가는 자는
반드시 그가 계신 것과 또한 그가 자기를 찾는 자들에게 상 주시는 이심을 믿
어야 할지니라"(히 11:6)

꾸준히

세상 사람들 대단하고
외면이 아무리 완벽해도
내면의 열매가 없으면
마음의 성전은 무의미해

육에 속한 지식과
세상 이치와 지혜로 가는

지식적인 사람도
주님을 기쁘게 믿으면서
꾸준히 나가면
깊어지는 주님 은혜 안에

우리가 들어갈
아름다운 나라 현세 천국

"아들을 믿는 자에게는 영생이 있고 아들에게 순종하지 아니하는 자는 영생
을 보지 못하고 도리어 하나님의 진노가 그 위에 머물러 있느니라" (요 3:36)

바른 길

주님만 의지하는
오늘 하루도 잘 가는지 아닌지

불투명한 삶이 주는
세상은 두렵고 서글픈 존재지만

속된 생각에 묻혀서
나만 생각하며 살아가는 육신도

주님은 힘이 되시고
우리들 삶의 생명과 소망되시니

믿음만이 나의 기쁨
주님만이 나의 반석 위로되시네

"내가 네 허물을 빽빽한 구름 같이, 네 죄를 안개 같이 없이하였으니 너는 내
게로 돌아오라 내가 너를 구속하였음이니라"(사 44:22)

깨어나고

오늘도 신비하게 말씀이 오면
새 희망이 생깁니다

믿음을 전신갑주로 무장하면
흉한 마귀들 물러갑니다

죄의 권세를 딛고서 일어나면
잠든 영혼이 깨어납니다

매일 믿음으로 힘차게 나가면
새 능력이 들어옵니다

예수 그리스도로 옷 입으면
영혼 몸은 살아납니다

"자랑하는 자는 이것으로 자랑할지니 곧 명철하여 나를 아는 것과 나 여호
와는 사랑과 정의와 공의를 땅에 행하는 자인 줄 깨닫는 것이라 나는 이 일을
기뻐하노라 여호와의 말씀이니라"(렘 9:24)

풍성한 은혜

우리 믿음은
나와 끊임없이 싸우는 것

자신과 싸우다
부정 불의가 쫓겨만 가면

내면에 세워지는
진리와 소망, 사랑과 기쁨

주님 말씀을 들으면
마음에 솟는 풍성한 은혜

믿음으로 맛보는
아름다운 소득, 기쁨, 희락

"내가 이것을 너희에게 이름은 내 기쁨이 너희 안에 있어 너희 기쁨을 충만하게 하려 함이라"(요 15:11)

주 예수님

우리 마음속으로
불러보는 그 이름 우리 주 예수님

날마다 목쉬게 아프게
부르고 불러보는 이름 주 예수님

주님 이름만 부르면
생기나는 하루 한 순간 속에서도

부르고 또 불러야 되는
구원 생명 되시는 우리 주 예수님

죄 많은 사람이
애타게 찾아가야 할 이 주 예수님

날마다 믿다가 어려워도
반드시 가야 할 영원한 주님 나라

"내 아버지의 뜻은 아들을 보고 믿는 자마다 영생을 얻는 이것이니 마지막
날에 내가 이를 다시 살리리라 하시니라"(요 6:40)

믿음 길

믿음으로 나가려면
옛사람이 변해야 성장하는 믿음

내면의 강한 자아가
처리 받는 신비한 믿음의 길에서

죽으면 죽으리라 하고
가야 하는 험하고 가파른 골짝

좁은 내면 안으로
내려가는 협착한 진리 구원 길

주님이 계시는
심령의 보좌 거룩한 지성소에서

주님을 만나고 싶은
성도가 찾아가는 복된 생명 길

"내가 주의 지성소를 향하여 나의 손을 들고 주께 부르짖을 때에 나의 간구
하는 소리를 들으소서"(시 28:2)

연단

사람들 착하게 살아도
시련과 고난을 통하여
육적 자아를 벗기시면

아파하는 우리 몸, 마음
자아로 행하다가 항상
실패를 맛보는 곳에서

강한 육신의 표피들이
벗겨지면서 흘리는 피
불화살에 멍든 몸, 마음

슬프고도 아픈 삶 속에
육적 자아가 죽어져야
세워지는 성숙한 믿음

찌든 죄들을 벗기시는
고통 속에 맛보는 진미
주님 선물 평안과 평강

"주는 내 허물을 주머니에 봉하시고 내 죄악을 싸매시나이다"(욥 14:17)

천국 백성들

육신 안의 거친 본성들
드러나는 근심과 걱정

구원으로 가는 그 길에
믿음을 방해하는 것들

마음의 거치른 성품을
드러내어 다듬으시는

성령의 지도, 인도 따라
말씀을 줄곧 따르다가

세상 넘어 은혜받고
주님 뵙는 천국 백성들

"내가 그들에게 영생을 주노니 영원히 멸망하지 아니할 것이요 또 그들을 내
손에서 빼앗을 자가 없느니라"(요 10:28)

번성

우리는 기도의 과정 속
어디를 빙빙 돌고 있는지

기도가 육신 차원에서
내 소원의 기도를 하다가

늘 영으로 나가면서
영으로 가다 실재가 되는

영과의 교통 속에서
주님을 알아가는 순례 길

영이신 주님을 만나서
영이 살아난 영의 사람들

영으로 살아가다가
영으로 마치는 성도들

"내가 오늘 명하는 모든 명령을 너희는 지켜 행하라 그리하면 너희가 살고 번
성하고 여호와께서 너희의 조상들에게 맹세하신 땅에 들어가서 그것을 차지
하리라"(신 8:1)

179

하늘 은혜

믿음으로 가려니
방해하는 대적들

질투, 시기, 시련
멸시, 조롱 속에

불화살을 날리면
피 흘리는 성도들

그러나 고통 속에
잠잠히 죽어지다

믿음으로 맛보는
샘솟는 하늘 은혜

영광의 영생 그 길
주님 주신 구원 길

"왕이 선지자 나단에게 이르되 볼지어다 나는 백향목 궁에 살거늘 하나님의
궤는 휘장 가운데에 있도다"(삼하 7:2)

가는 길

주님 부르시면 어디든지
따라가는 길

복음 길은 험하고 힘드나
은혜로 가는 길

옛 선지 열두 사도가 가신
십자가의 길

세상 풍파 넘으면서 가는
주님 따르는 길

모든 시련 넘어서 가는
믿음으로 가는 길

세상이 주는 멸시, 왕따
뒤로하고 가는 길

"또한 너희 지체를 불의의 무기로 죄에게 내주지 말고 오직 너희 자신을 죽은
자 가운데서 다시 살아난 자 같이 하나님께 드리며 너희 지체를 의의 무기로
하나님께 드리라"(롬 6:13)

4부

복된 인생

근심 많은 생각은
오늘도 그 하루가 힘들고

눈과 마음을 돌려서
세상을 보면 마음 시리나

믿음에 몰두하며
진리를 향한 선한 열심들

마음을 모아 주님 보면
세상도 나도 빛나는 시간

삶 속에 평화가 넘치는
만족하고 기쁜 복된 인생

"그러므로 우리가 낙심하지 아니하노니 우리의 겉사람은 낡아지나 우리의 속
사람은 날로 새로워지도다" (고후 4:16)

주님뿐

죄와 사망의 고통에서
건져 주실 분은 주님 한 분

가시덤불 시련 속에서
구원해 주실 분 우리 주님

잃어버린 에덴동산에서
회복해 주실 분 우리 주님

괴로움과 고통 속에서 늘
보호해 주실 분 우리 주님

삶의 소망이 사라진 곳에
내 삶의 큰 빛은 주님 한 분

"하나님의 도는 완전하고 여호와의 말씀은 진실하니 그는 자기에게 피하는
모든 자에게 방패시로다" (삼하 22:31)

빈 속

예배는 늘 드리면서
마음대로 사는 사람

섬김은 계속하면서
마음대로 좌지우지

잘 믿는다고 하면서
세상 생각 따르다가

일만 늘어놓으면서
열매없이 사는 사람

맘이 아픈 시간속에
실망하면 마음 절망

고된 삶 낙심 속에서
추락하면 인생 좌절

"수고하고 무거운 짐 진 자들아 다 내게로 오라 내가 너희를 쉬게 하리라"
(마 11:28)

주님 뜻

주님은 우리 감정과 생각
다 아시나 침묵하신다

주님은 우리 일 다아시나
관여하지 않으신다

주님은 우리 죄 다보시나
참고 기다리신다

그러나

세상 삶속에서 붙들 분은
오직 은혜 주님

모든 인생 끝자리에서도
의지할 이 구원 주님

생애 생명 끝나는 날에도
믿을 분 우리 주님뿐

"내 아들 솔로몬아 너는 네 아버지의 하나님을 알고 온전한 마음과 기쁜 뜻
으로 섬길지어다 여호와께서는 모든 마음을 감찰하사 모든 의도를 아시나니
네가 만일 그를 찾으면 만날 것이요 만일 네가 그를 버리면 그가 너를 영원히
버리시리라"(대상 28:9)

믿고

언제나 마음 깊이
주님을 생각

하루의 모든 삶도
주님께 집중

어디를 가더라도
주님과 함께

무엇을 하든지 늘
주님 은혜로

오늘도 미래에도
주님만 믿고

죽거나 살더라도
주님만 의지

"그러므로 내가 너희에게 말하기를 너희가 너희 죄 가운데서 죽으리라 하였
노라 너희가 만일 내가 그인 줄 믿지 아니하면 너희 죄 가운데서 죽으리라"
(요 8:24)

쇠해짐

믿음으로 가는 길은
마음 생각을 다스리며 감정이 쇠해져야

모든 일 낮고 쇠해짐이
망하는 것이 아님을 아는 것이 우리 믿음

마음과 생각이 낮아져
끊임 없이 죽어지고 쇠해짐으로 다시 사는

마음을 연단하는 곳에
끊임없이 본성을 넘어가는 자아의 혼돈 속

모든 관점을 넘어가다
가난하고 외로운 사람이 만나는 주님 생명

마음 안에 들어오는
주님 사랑을 만나 감동 속에 크는 내 믿음

"누구든지 자기 목숨을 구원하고자 하면 잃을 것이요 누구든지 나와 복음을
위하여 자기 목숨을 잃으면 구원하리라" (막 8:35)

주님 영광

아름다운 노을 속에 그려보는 주님 모습
흘러가는 구름 속에 떠오르는 주님 얼굴

동산에서 부는 바람 소곤대는 주님 음성
일렁이는 바다 위에 들려오는 주님 말씀

설레는 마음 안에 차오르는 주님 은혜
이른 아침 내려오는 꿈결 같은 주님 은총

고즈넉한 하루 속에 밀려드는 주님 영광
곤한 삶에 들어오는 감미로운 주님 사랑

"그의 아버지 하나님을 위하여 우리를 나라와 제사장으로 삼으신 그에게 영
광과 능력이 세세토록 있기를 원하노라 아멘"(계 1:6)

신비

주님 주신 생명
너무나 감사하고

주님 주신 믿음
너무나 비밀하고

주님 주신 은혜
너무나 신비하고

주님 주신 사랑
너무나 황홀하고

주님 주신 구원
너무나 행복하고

"의인의 열매는 생명 나무라 지혜로운 자는 사람을 얻느니라"(잠 11:30)

189

연약

주님이 몸을 주셨는데 믿음을 모르면
주님은 떠나시고

나만 알고 문제 해결에만 집중하다간
주님은 멀어지고

나만 늘 챙기면서 세상 것에 몰두하면
주님은 잊혀지고

내 사람만 생각하며 세상 유익 따르면
주님은 안 오시고

"보라 내가 오늘 생명과 복과 사망과 화를 네 앞에 두었나니" (신 30:15)

구원 길

내가 너희에게 이른 말이
영이요 생명이라

살리는 것은 영 그렇지만
육신으로 가면

생명 세계를 알지 못해서
영생도 삶도 놓친다

그러나

주님 주신 구원 길 있으니
선택된 우리 인생

믿기만 하면 열리는 은혜
사랑 길 넘어가다

열리는 영생으로 가는 그
영혼 구원 생명 길

"돌아서서 유익하게도 못하며 구원하지도 못하는 헛된 것을 따르지 말라 그
들은 헛되니라"(삼상 12:21)

추구

세상 일 다 힘들어도
우리는 믿음으로 매일 나가야 한다

불안한 세상에서
나만 힘든 것 아니니 낙심하지 말고

세상 실망 속에서도
주님 은혜 날마다 맛보고 감사하며

주님만 의지할 때
살아갈 새 힘 주님으로부터 나오니

주님께 온 힘 다해
마음드려 감사하며 부지런히 나가자

"여호와와 그의 능력을 구할지어다 항상 그의 얼굴을 찾을지어다"
(대상 16:11)

환희

새 아침에 밝은 빛이 비친다
어두운 마음 안에 새 소망이 솟아난다

새 은혜가 곧 들어만 오면
새날이 밝는다 아침의 새 희망이 새롭다

새 마음, 새사람이 사는 곳
새로운 새 세상, 새 은혜가 차고 넘치면

새날이 밝아온다
새 기쁨이 넘치고 새 삶이 환히 빛난다

"평강의 주께서 친히 때마다 일마다 너희에게 평강을 주시고 주께서 너희 모든 사람과 함께 하시기를 원하노라"(살후 3:16)

믿음의 주

주님 계시는 웅장하고
무궁한 나라가 우리 안에 있다

믿음의 본향 찬란하고
아름다운 영원한 저 천국이 곧

마음에 들어만 오면
하늘 영광으로 사는 행복한 우리

우리 주님이 계시는
영원한 본향을 사모하는 그곳에

우리들 맘 모아서
기어히 달려가야 할 그 나라

우주의 창조주이신
주님 생명이 스미는 영광 나라

"네 평생에 너를 능히 대적할 자가 없으리니 내가 모세와 함께 있었던 것 같
이 너와 함께 있을 것임이라 내가 너를 떠나지 아니하며 버리지 아니하리
니"(수 1:5)

축복

세상은 두려움뿐이지만
참된 평안은 믿음으로 가는 길뿐

주님께 나갈 때마다
곤고한 마음을 사랑으로 이끄시면

들어오는 안식과 자유
평안 평화가 마음 속안에 한가득

믿음으로 사는 그
천한 몸이 누리는 복된 주님 은혜

"집마다 지은 이가 있으니 만물을 지으신 이는 하나님이시라"(히 3:4)

위로, 평안, 안식

내가 보는 그 모습 누추한 육신
어디에 드러낼 수 없는 천한 사람

마음도 외모도 부족한 환경 속에
서럽게 살아가는 무덤 같은 날들

누구도 알아주지 않는 세상에서
누추하고 천한 나를 아시는 주님

오늘도 매일 주님만 늘 바라보면
마음에 누리는 위로와 평안, 안식

그런 주님이 너무 좋아 끊임없이
은혜를 사모하는 신실한 우리 삶

"예수께서 그 생각을 아시고 대답하여 이르시되 너희 마음에 무슨 생각을 하
느냐"(눅 5:22)

바라보고

믿음은
내 성질에서 떠나고
내 고집에서 떠나고

내 관점에서 떠나고
내 신념에서 떠나고

내 불의에서 떠나고
내 자만에서 떠나고

신앙은
주님 말씀 기다리고
주님 사랑 바라보고

주님 임재 기다리고
주님 구원 바라보고

주님 생명 기다리고
주님 축복 바라보고

"나를 사랑하고 내 계명을 지키는 자에게는 천 대까지 은혜를 베푸느니라"
(신 5:10)

살아가면서

항상 죄를 먹는 사람을 보면서
갈등하는 나

죄를 먹고 마시며 살아가면서
모르는 나

죄가 아닌 것이 없는 세상 삶에
실망하는 나

내가 나 아닌 내 속 안의 죄로
불안한 나

세상 죄 분별을 하지도 못하는
무식한 나

죄를 알고도 이길 힘도 사라진
무능한 나

"사람의 행위가 자기 보기에는 모두 정직하여도 여호와는 마음을 감찰하시
느니라"(잠 21:2)

견딤

무심한 시선 속에서
멍드는 우리

냉정한 사람 속에서
외로운 우리

삶의 어려움 속에서
서러운 우리

어려운 질고 속에서
괴로운 우리

그래도 견디는 힘은
오직 믿음때문

"악인은 쫓아오는 자가 없어도 도망하나 의인은 사자 같이 담대하니라"
(잠 28:1)

속사람

귀중한
옥합을 깨지도 못하고
말만 늘어놓는 사람들

언제나
손해와 비움을 모르는
자기만 아는 이기주의

오늘도
그들이 바로 자신이면
모든 죄 돌이키면서

수시로
하루의 삶을 말씀으로
이기며 나가는 오늘도

불현듯
한날의 벅찬 은혜 속에
들어오는 사랑의 그 힘

"사람의 행위를 따라 갚으사 각각 그의 행위대로 받게 하시나니"(욥 34:11)

감사로

사람을 좌지우지
마음대로 조정하고

마음을 이리저리
마음대로 유혹해도

주님만 의지하면
편해지는 나의 마음

주님을 바라보며
감사하는 마음 안에

스미는 주님 은총
깊어지는 우리 믿음

"우리를 비천한 가운데에서도 기억해 주신 이에게 감사하라 그 인자하심이
영원함이로다"(시 136:23)

목표

광야의 길 걷게 하심이
주님의 본심이 아니어도

인생 나그네 길에서
방황하는 연약한 사람들

육신의 종인 우리가
할 수 있는 일은 무엇인지

소망이 없는 삶속에
우리가 갈 곳은 어디인지

세상 파도 시련 속에
바라볼 것은 그 무엇인지

"거기에는 헬라인이나 유대인이나 할례파나 무할례파나 야만인이나 스구디
아인이나 종이나 자유인이 차별이 있을 수 없나니 오직 그리스도는 만유시요
만유 안에 계시니라"(골 3:11)

승리

세상 삶의 고난 풍파는
오직 믿음으로

우리 인생의 질고 풍랑도
오직 주님으로

물 위를 걸으신 주님처럼
나도 풍랑을 이기며

두려운 바다를 건너가면서
고난을 물리치고

시련 속에 연단을 넘는다면
믿음은 살아나고

고난 속에 연단을 통과하면
육신은 일어나고

"평안의 매는 줄로 성령이 하나 되게 하신 것을 힘써 지키라"(엡 4:3)

마음의 사람

아무것도 할 수 없는 우리
마음대로 살고

차고 냉정한 마음의 사람은
주님 사랑 모르고

높고 강직한 마음의 사람은
주님을 무시하나

믿음과 말씀에 눈을 돌리면
새 날이 열리고

마음으로 주님을 바라보면
큰 복이 들어오고

"주 여호와여 내 눈이 주께 향하며 내가 주께 피하오니 내 영혼을 빈궁한 대로 버려 두지 마옵소서"(시 141:8)

생명

민음은 살아있는 생명
속에서 꿈틀거리고

민음은 성장하는 생명
갈수록 자라나고

민음은 요동치는 생명
나가려고 애쓰고

민음은 선포하는 생명
늘 아우성치고

민음은 숨어있는 생명
눈으로는 안 보이고

"그가 우리에게 약속하신 것은 이것이니 곧 영원한 생명이니라"(요일 2:25)

능력

체험 없는 우리의 믿음
한없이 오래 걸리지만

갑자기 닥치는 시련에
마음은 매우 고단해도

시련 속에 깨닫는 말씀
고난 속에 일구는 믿음

육신의 관점 부수다가
또다시 열리는 그 세계

은혜로 주님 바라보며
믿음에 마음을 모을 때

어둔 영혼이 깨어나면
사라지는 그 어둠 권세

"여호와와 그의 능력을 구할지어다 그의 얼굴을 항상 구할지어다" (시 105:4)

여정

항상 은밀하고 꾸준히
주님만 의지하는 시간

죄인의 모습을 깨닫고
불의한 육신을 살피며

오직 주님만 의지하며
주님 믿는 믿음 여정에

오늘은 믿음 안에 죽고
내일은 주님으로 사는

은혜가 주는 기쁨 속에
번지는 사랑의 생명 샘

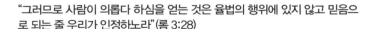

"그러므로 사람이 의롭다 하심을 얻는 것은 율법의 행위에 있지 않고 믿음으
로 되는 줄 우리가 인정하노라"(롬 3:28)

불의

우리 믿음
잘 안되면 왜 그리 고달픈지

우리 신념이
어떤 시련 통해 처리될 때면

그 아픔 속에서
대속 은혜 아는 것이 큰 은혜

그리고

우리 불의 보시고
우리 죄 다 감싸 안아주시면

추하고 위선적인
삶의 모습들이 마음을 상해도

믿음으로 살 때면
주님 사랑을 아는 것이 큰 복

"여호와를 사랑하는 너희여 악을 미워하라 그가 그의 성도의 영혼을 보전하
사 악인의 손에서 건지시느니라"(시 97:10)

비밀

주님을 사랑한다면
육신의 한계 믿음으로 이겨내고

비밀한 주님 만나려면
삶 속에서 주님 알며 자라가고

비밀한 생명을 맛보려면
주님의 사심을 믿으며 살아가고

비밀한 신앙으로 가려면
주님의 말씀을 날마다 선포하고

은혜의 주님을 안다면
생명 부활도 체험하며 나아가고

"대답하여 이르시되 천국의 비밀을 아는 것이 너희에게는 허락되었으나 그
들에게는 아니되었나니"(마 13:11)

강물

주님 안에서
느끼는 참된 기쁨과 평안

마음 안에
흐르는 생명강수 그 물이

목이 마른
심령 안으로 넘쳐흐르면

주님의 생명과
감당할 수 없는 깊은 은혜

그 사람이 바로
나라면 얼마만큼 기쁠지

생명 생수를 늘
마신다면 얼마나 좋을지

"이 강물이 이르는 곳마다 번성하는 모든 생물이 살고 또 고기가 심히 많으리
니 이 물이 흘러 들어가므로 바닷물이 되살아나겠고 이 강이 이르는 각처에
모든 것이 살 것이며"(겔 47:9)

체험

세상 경험으로
주님을 믿으려 하는 우리

애를 써도
세상 지식이 통하지 않는

주님의 세계는
신비한 믿음으로 가는 곳

마음 드리고
정성으로 나가다 경험하는

거룩하신
주님을 체험하는 순간들이

너무나 기쁜
생애의 큰 복 주님의 은혜

"위의 것을 생각하고 땅의 것을 생각하지 말라" (골 3:2)

구원

퍼내고 퍼내도 끝없는 그 속
또 비고 비워도 쌓이는 그 죄

죄와 맞서가며 날마다 울다가
흐르는 눈물 속에 들어오는 빛

빛을 바라보는 촉촉한 시선에
마주치는 아름다운 주님 모습

주님을 의지하다 맛보는 은혜
주님을 그리다가 설레는 마음

날로 날로 크는 천상의 소망
깊고 깊은 은총 구원의 새 빛

"이르되 주 예수를 믿으라 그리하면 너와 네 집이 구원을 받으리라 하고"
(행 16:31)

응답

나이 들어 문득 되돌아보니
마음에 맺히는 허기들

세상에 다친 마음 서러워서
말씀을 붙들다가

갑자기 들리는 굉음에 놀라
무너지는 몸, 마음

너무도 선명한 주님 사인에
낙심하는 순간

크고 큰 응답 앞에서 놀라서
무너지는 천한 육신

"수고하고 무거운 짐 진 자들아 다 내게로 오라 내가 너희를 쉬게 하리라"
(마 11:28)

주님 계신 곳

우리의 큰 허물은
매 순간 주님을 못 느끼나

그래도 가야 하는
저 높은 곳 주님 계신 곳

믿음으로 가는
생명나라 영원히 사는 곳

우리 삶이 초라하고
인생은 서럽고도 쓰리지만

힘 다해 일어나
비밀하게 감추어진 나라로

날마다 달려만 가면
만나주시는 사랑의 예수님

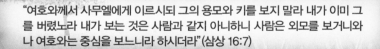

"여호와께서 사무엘에게 이르시되 그의 용모와 키를 보지 말라 내가 이미 그를 버렸노라 내가 보는 것은 사람과 같지 아니하니 사람은 외모를 보거니와 나 여호와는 중심을 보느니라 하시더라"(삼상 16:7)

기쁨 안에서

어디서나 날마다 불러보는 그 이름
우리 주 예수 그리스도

주님을 늘 생각하다가 은혜 흐름이
가슴을 가득 채우면

흐르는 은혜 들어오는 기쁨 안에서
생동하는 나의 영혼

행복하고 만족한 마음에 햇살같이
퍼지는 주님의 은혜

믿음만 있으면 행복한 우리 생애에
밀려드는 주님 사랑

"내가 주의 영을 떠나 어디로 가며 주의 앞에서 어디로 피하리이까"
(시 139:7)

예쁜 노을

찬란한 저녁의 노을이
세상을 물들이고

마음에도 예쁜 노을이
곱고 붉게 퍼지면

주님 은혜로 벅찬 하루
행복해 좋은 이날

은혜 속에서 사는 기쁨
커가는 우리 믿음

슬픈 영혼에 오는 감동
벅찬 은혜의 순간에

몸은 하늘을 향해
올라가네 높이 오르네

"만군의 하나님 여호와여 우리를 돌이켜 주시고 주의 얼굴의 광채를 우리에게 비추소서 우리가 구원을 얻으리이다"(시 80:19)

216

말씀 속에서

우리 언행심사 다 아시는 주님
일거수일투족 다 보시는 주님

마음의 생각도 감정도 언제나
영적 안테나에 걸리는 우리들

은혜에 마음 두고 말씀을 듣고
끊임없이 주님께 마음 다해서

붓 쫓다가 오늘도 만나는 말씀
진리 속에서 샘솟는 주님 은혜

말씀 안에서 넘치는 지혜 지식
밀려드는 충만 주님 큰 사랑

"네 하나님 여호와를 사랑하고 그의 말씀을 청종하며 또 그를 의지하라 그는
네 생명이시요 네 장수이시니 여호와께서 네 조상 아브라함과 이삭과 야곱
에게 주리라고 맹세하신 땅에 네가 거주하리라"(신 30:20)

죽고 못된 나

죽으면 살리라는 말씀을 듣고
자주 죽는 연습을 매일 하면서도

죽어지지 않는 나의 강한 자아
문제가 올 때마다 올라오는 혈기

그것이 죄인 줄을 너무 모르고
죽고 또 죽어져도 드러나는 자아

자꾸 살아나는 본성 나쁜 자아
은혜가 아니면 안 되는 못된 나

"내가 그리스도와 함께 십자가에 못 박혔나니 그런즉 이제는 내가 사는 것이
아니요 오직 내 안에 그리스도께서 사시는 것이라 이제 내가 육체 가운데 사
는 것은 나를 사랑하사 나를 위하여 자기 자신을 버리신 하나님의 아들을 믿
는 믿음 안에서 사는 것이라"(갈 2:20)

오묘한

믿음 안에서
진리와 지혜 지식

아무리 보아도
알 수 없는 말씀

오묘한 말씀에
늘 주눅이 들어도

들으며 듣다가
깊어지는 은혜 속

신기한 말씀에
자라는 진리, 진미

"혹은 누가 무저갱에 내려가겠느냐 하지 말라 하니 내려가겠느냐 함은 그리
스도를 죽은 자 가운데서 모셔 올리려는 것이라"(롬 10:7)

참된 길

우리 주님을 따르려면
자기를 부인하면서

세상 지혜 지식 버리고
주님만을 의지하면

들어오는 비밀한 사랑
커지는 주님 은혜

날마다

겸손히 자신을 낮추면
주시는 은혜 선물

육신으로 사는 사람도
샘솟듯이 솟는

주님의 사랑만 있으면
행복한 우리 인생

"무릇 살아서 나를 믿는 자는 영원히 죽지 아니하리니 이것을 네가 믿느냐"
(요 11:26)

구별

죄의 모든 원인은 나로부터
그리고 주님을 믿으면 구원으로

들은 것도 아는 것도 많은데
그대로 살지 못하는 나약한 육신

세상에 속해 마음대로 살다가
하루 종일 죄를 먹고 죄를 토하는

죄의 진토 속에 살아도 모르는
미련하고 바보 같은 무능한 사람

나만 믿고 늘 나만 챙기면서
믿음을 모르는 어리석은 내 영혼

"공의로운 길에 생명이 있나니 그 길에는 사망이 없느니라" (잠 12:28)

복된 소식

이만하면 되는 줄 알고 살아가면서
그만하면 다 되지 안심하는 사람도

영혼의 갈급함이 빈 마음을 채우면
죽정이만도 못한 헛된 그 삶 속에서

문제가 올 때마다 솟는 근심과 걱정
이만하면 안 된다는 소욕을 다스리며

그만해도 된다고 안심하는 마음 안에
채울 것은 오직 믿음의 복된 소식뿐

"내 육체와 마음은 쇠약하나 하나님은 내 마음의 반석이시요 영원한 분깃이
시라"(시 73:26)

몸부림

우리 잘 믿으려고 하지만
많은 근심 때문에 고달픈 우리

그러나 악한 속성과 늘
싸우며 가는 것이 우리 믿음

선을 행하고 싶은 마음에
악 함으로 힘든 우리 삶 속에

곤하고 아픈 생애 속에서
좌절감에 몸부림치며 하는 말

주홍 같은 이 죄에서 나를
건져줄 이 세상 그 누구인가

검고 어둔 그 흑암에서
나 살려줄 이 그 누구인가

"우리는 다 양 같아서 그릇 행하여 각기 제 길로 갔거늘 여호와께서는 우리
모두의 죄악을 그에게 담당시키셨도다"(사 53:6)

부족

지금까지 내 힘으로 살던 사람이
주님을 알기까지

오늘까지 내 능력만 알던 사람이
주님을 믿기까지

날마다 내 생각만 하던 사람이
주님 따르기까지

그리고 세상 것만 알던 사람이
주님 신뢰하기까지

세상 복이 다인 줄 알던 사람이
하늘 복을 알기까지

깊은 주님 사랑 누리기까지
참 너무 오래 걸렸습니다

"나는 가난하고 궁핍하오니 하나님이여 속히 내게 임하소서 주는 나의 도움
이시요 나를 건지시는 이시오니 여호와여 지체하지 마소서"(시 70:5)

성숙으로

믿음이 적을 때는 보고 들어야 하지만
늘 주님만 생각하면 은혜가 흘러넘쳐

주님 말씀 들으면서 믿음이 올라가면
곤고한 마음에 스미는 아름다운 은혜

믿음이 주는 은혜로 감사하는 마음에
말씀으로 나날이 성숙하는 나의 하루

성장 성숙으로 가는 길은 길고 멀어도
주님을 사모하면 깊어지는 주님 생명

주신 복 받고 믿음을 따라가는 오늘도
솟아나는 은혜 속에 생동하는 내 영혼

"여호와께서 이와 같이 말씀하시되 보라 내가 그에게 평강을 강 같이, 그에게
뭇 나라의 영광을 넘치는 시내 같이 주리니 너희가 그 성읍의 젖을 빨 것이며
너희가 옆에 안기며 그 무릎에서 놀 것이라"(사 66:12)

225

그날

날마다 목마르게 애태우며
주님 찾던 그때 순간이 없었으면

목쉬게 아프게 찾아다니며
그리던 그날이 나에게 없었으면

애타게 슬프게 헤매던 그날
그때 그 일을 정말 알지 못했으면

주님만 부르던 그 세월 속
믿음의 뜻 모르고 그냥 지냈으면

지금의 내 삶은 어찌되고
지금 내 영혼은 어떻게 되었을까

"또 바른 길로 인도하사 거주할 성읍에 이르게 하셨도다" (시 107:7)

226

배

내 인생에 주님을 받아드리면
영혼의 복이 두 배

믿음 안에서 주님 사랑이 오면
기쁨과 소망이 세 배

거룩한 주님을 믿고 따른다면
믿음 안의 기쁨이 네 배

빛처럼 내려오는 진리의 맛이
단것이 또한 다섯 배

나의 마음에 주님이 들어오면
영혼 희락이 여섯 배

"하나님은 영이시니 예배하는 자가 영과 진리로 예배할지니라"(요 4:24)

모르는 것

의견과 관념과 신념을
포기하는 것을 모르면

믿음 안에서 누리면서
새롭게 경험하며 사는

자유와 안식과 평안도
잘 알 수도 없다는 것

세상 지식 모든 욕망을
내려놓음을 잘 모르면

믿음으로 맛보는 귀한
부활 생명도 모르는 것

"또 선지자 엘리사 때에 이스라엘에 많은 나병환자가 있었으되 그 중의 한 사
람도 깨끗함을 얻지 못하고 오직 수리아 사람 나아만뿐이었느니라"(눅 4:27)

참된 하루

우리 주님 안에 사는 것이 참된 기쁨
마음이 흔들리면 주님은 영 안 오시고

마음을 세상에 뺏기면 주님은 없으나
삶의 소망은 믿음뿐 인생의 시련 속에

낮고 천한 마음으로 주님을 바라보면
갈수록 깨끗해지는 해맑은 나의 영혼

믿음 따라서 마음을 아름답게 가꾸면
깊어지는 주님 은혜 믿음과 소망, 사랑

사랑 안에서 누리는 풍성한 은혜 속에
주님으로 행복하고 감사한 오늘 하루

"너희 안에 이 마음을 품으라 곧 그리스도 예수의 마음이니"(빌 2:5)

새 옷

믿음으로 가려면 마음 어지럽히는 것
먼저 다스리기

마음을 시끄럽게 하는 불안 두려움이
마음을 위협해도

힘든 그 어둠의 유혹들 모든 잡념도
마귀의 술수

그들을 물리치는 힘은 오직 믿음으로
주님 말씀으로

그들 이기는 힘은 믿음의 능력으로
전신갑주 새 옷으로

"그가 이같이 큰 사망에서 우리를 건지셨고 또 건지실 것이며 이 후에도 건지
시기를 그에게 바라노라" (고후 1:10)

붙들 분

믿음이 아니면 살기가 쉽지 않은 세상
믿음 안에서 때로는 위로 안식 있으나

세상풍파에 매사에 마음을 침식당하면
쓰리고 애달픈 그 순간 속에서 오늘도

우리가 바라볼 곳은 오직 우리 예수님
날마다 의지하고 따를 분 주님 한 분뿐

사나 죽으나 항상 붙들 분은 구원의 주님
주님 한 분만 바라고 사는 행복한 우리

"여호와가 너를 항상 인도하여 메마른 곳에서도 네 영혼을 만족하게 하며 네
뼈를 견고하게 하리니 너는 물 댄 동산 같겠고 물이 끊어지지 아니하는 샘 같
을 것이라"(사 58:11)

마음의 소리

언제나
자기밖에 모르고 멋대로 나가면
마음이 서럽습니다

자기 고집 내세우고 저만 안다면
마음이 무겁습니다

사리 분별 못하는 사람들 보면
마음이 아픕니다

그러나
주님을 날마다 가까이 바라보면
마음이 편합니다

믿음을 의지하면 영혼에 깃드는
평안이 놀랍습니다

믿음 속에 오늘 은혜로 살아가면
마음이 즐겁습니다

"너희가 죄와 싸우되 아직 피흘리기까지는 대항하지 아니하고"(히 12:4)

오심

비고 빈 마음을 알고 새처럼 날아서
오시는 주님 긍휼

낮고 낮은 마음에 소리 없이 살며시
오시는 주님 생명

누추하고 천한 내게 사랑 가득 안고
오시는 주님 사랑

공허한 빈 마음에 소리 없이 신속히
오시는 주님 위로

빈궁한 죄인에 구원의 큰 선물 갖고
오시는 주님 은혜

"나의 영혼아 잠잠히 하나님만 바라라 무릇 나의 소망이 그로부터 나오는도다"(시 62:5)

위로

믿음이 없으면 매사에 근심, 걱정
마음은 불안, 불만

믿음이 적으면 가득한 잡념, 잡음
힘든 삶 속에서

허탄한 마음에 사랑 안고 오시는
은혜의 주님

믿음 적은 나를 긍휼히 여기시는
사랑의 주님

갈한 영혼의 갈증을 보시고 매일
오시는 위로의 주님

"사랑하는 자여 네 영혼이 잘됨 같이 네가 범사에 잘되고 강건하기를 내가 간
구하노라"(요삼 1:2)

그리움

아롱다롱 푸르름이
눈에 어리고

파릇파릇 푸른 싹이
눈에 보이면

천리만리 달려가서
만나고 싶은

그립고 그리운 그곳
주님의 나라

우리가 들어갈 본향
영원한 나라

"아들이 있는 자에게는 생명이 있고 하나님의 아들이 없는 자에게는 생명이
없느니라"(요일 5:12)

저 너머

푸른 바다 그 너머에 그 누가 사나
꿈속에 그려보는 아름다운 그 나라
마음으로 가고 싶은 거룩한 그 나라

소리없이 믿음 배에 몸, 마음 싣고서
영혼 바다 건너가는 그 순간 그날에
기쁘게 노를 저어 가야할 소망 나라

믿음 바다 건너서 가는 비밀한 나라
맘으로 들어가고픈 주님 계신 그곳
온몸과 영으로 가야할 미지의 나라

힘차게 뛰면서 들어갈 영광의 나라
목숨걸고 들어 갈 비밀한 하늘 그곳
심령으로 누리는 신비한 주님 나라

"하나님이여 우리를 돌이키시고 주의 얼굴빛을 비추사 우리가 구원을 얻게
하소서"(시 80:3)

내 안에

너의 믿음이 어디 있느냐고 묻는다면
나는 대답하지 못 합니다

너의 믿음은 무엇이냐고 물어온다면
나는 침묵할 뿐입니다

왜냐하면 믿음은 비밀한 것임을 난
너무도 잘 알기 때문입니다

나의 믿음이 너무 적어서
나의 진심을 어떻게 증명할 수 없지만

나는 말할 수 있습니다
내 안에 주님 사랑이 가득하기 때문에

나는 말할 수 있습니다
내 안에 주님의 생명이 흐르고 있다고

"오직 우리 주 곧 구주 예수 그리스도의 은혜와 그를 아는 지식에서 자라 가
라 영광이 이제와 영원한 날까지 그에게 있을지어다"(벧후 3:18)

속 안에

성령이여 오소서 제 허탄한 속 안에
어서 속히 와주소서

제 빈궁한 마음에 크신 사랑가지고
나비같이 훨훨 날아서 곧 와주소서

성령이여 오소서 이 가난한 속 안에
제비같이 속히 날아 어서 와주소서

이 비천한 마음에 하늘 은총 안고서
독수리같이 빠르게 속히 와주소서

성령이여 오소서 이 외로운 마음에
어서 속히 와주소서

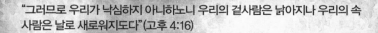

"그러므로 우리가 낙심하지 아니하노니 우리의 겉사람은 낡아지나 우리의 속
사람은 날로 새로워지도다"(고후 4:16)

만족

세상은 냉정하고
사람은 무정해도

순간마다 주님이
오시기만 한다면

온종일 힘이 나서
그 하루가 만족한

주님 사랑 고맙고
그 삶이 아름다운

주님으로 즐거워
고맙고 기쁜 하루

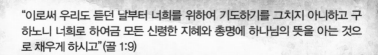

"이로써 우리도 듣던 날부터 너희를 위하여 기도하기를 그치지 아니하고 구하노니 너희로 하여금 모든 신령한 지혜와 총명에 하나님의 뜻을 아는 것으로 채우게 하시고"(골 1:9)

주신 것

우리 시간 우리 것 아니고
나의 하루 내 것이 아니라
주님 주신 것입니다

먹는 것도 내 것이 아니고
잠자는 것도 내 것 아니라
주님이 주신 것입니다

가진 것 모두 내 것 아니고
보이는 모두 내 것 아니라
주님이 주신 것입니다

나의 믿음 내 것이 아니고
나의 생명 내 것이 아니라
주님이 주신 것입니다

"예루살렘을 위하여 평안을 구하라 예루살렘을 사랑하는 자는 형통하리로
다"(시 122:6)

먼저

사람의 마음 얻음은 물질이 아니라
마음이 먼저입니다

친구 마음 얻음도 내 수단이 아니라
통함이 먼저입니다

사랑을 얻는 것도 내 자격이 아니라
진심이 먼저입니다

주님 얻음도 섬김과 봉사가 아니라
중심이 먼저입니다

"이스라엘아 이제 내가 너희에게 가르치는 규례와 법도를 듣고 준행하라 그
리하면 너희가 살 것이요 너희 조상의 하나님 여호와께서 너희에게 주시는
땅에 들어가서 그것을 얻게 되리라"(신 4:1)

5부

241

꼭 듣고 싶은 말

할 말 많아도 늘 꼭 하고 싶은 말
주님을 사랑합니다

사람 말 많아도 꼭 하고 싶은 말
주님만 의지합니다

우리 말 많아도 꼭 듣고 싶은 말
내가 너를 잘 아노라

세상 말 많아도 꼭 듣고 싶은 말
내가 너를 사랑하노라

"주의 말씀은 내 발에 등이요 내 길에 빛이니이다"(시 119:105)

나 가야할 곳

산꼭대기에 걸린 검은 구름처럼
마음도 칠흑 같던 날

정이 없는 세상 고독하게 살아가는
슬프고 가난한 사람이

아픈 마음으로 온 밤을 뒤척일 때
울어대는 풀벌레 같이

울음소리도 애달픈 헛된 삶 속에서
내가 붙들 곳은 단 한 곳

내가 가야 할 곳은 주님이 사시는
아름다운 그곳 믿음 나라

"너희는 강하고 담대하라 두려워하지 말라 그들 앞에서 떨지 말라 이는 네 하
나님 여호와 그가 너와 함께 가시며 결코 너를 떠나지 아니하시며 버리지 아
니하실 것임이라 하고"(신 31:6)

회개

주님
죄 가운데 사는 죄인 중 죄인
나의 모든 죄 용서해 주소서

어디를 가든지 실수투성이
무엇을 하든지 실패만 하는

불의한 저의 죄악을 아오니
저의 모습을 긍휼히 여기사

주님
저를 불쌍하게 여겨주소서
제 모든 죄 용서하여 주소서

"상심한 자들을 고치시며 그들의 상처를 싸매시는도다"(시 147:3)

나의 모습

형편을 알지 못하고
내 말만 늘어놓으며

내 주장으로 나가고
내 자존심만 세우는
쓸모없는 나의 모습

내 고집으로 나가고
내 위엄으로 나가는
나만 아는 나의 육신

나만 보고 위하려는
나만 믿는 나쁜 사람

"그러므로 내가 너희에게 말하기를 너희가 너희 죄 가운데서 죽으리라 하였
노라 너희가 만일 내가 그인 줄 믿지 아니하면 너희 죄 가운데서 죽으리라"
(요 8:24)

245

그 소리

너는 듣는가 그 태고의 소리
아득히 멀고 먼 전날의 그 소리

빈 육신 부르는 하늘의 소리
잠든 영혼 깨우는 다정한 소리

너는 아는가 그 아득한 소리
마음을 감싸는 정감 어린 소리

온 영혼 울리는 생명의 소리
귀에 익은 음성 귀한 하늘 소리

"시몬 베드로가 대답하되 주여 영생의 말씀이 주께 있사오니 우리가 누구에
게로 가오리이까"(요 6:68)

나그네

광활한 들판에 부는 바람이
공허한 마음을 스치고 가면서
너 사는 곳이 어디냐고 물으면

나란 사람 둔하고 약해도
나는 하늘을 날며 주님 찾는
외로운 철새라고 대답하겠습니다

높은 산에 사는 흰 구름이
세상을 끝없이 돌아다니다가
너 가는 곳이 어디냐고 물으면

몸 마음은 늙고 힘은 없어도
세상에 발붙이고 주님 따르는
가난한 텃새라고 대답하겠습니다

"여호와께서 나그네들을 보호하시며 고아와 과부를 붙드시고 악인들의 길은
굽게 하시는도다"(시 146:9)

향기

어려울 때마다 믿음을 따르다
마음에 고이는 인내 향기

마음 외로워서 주님을 붙들다
마음에 피는 소망 향기

주님을 쫓다가 오는 신비한
마음에 스미는 사랑 향기

소망의 주님 모습 항상 그리다
마음에 크는 믿음 향기

"북풍아 일어나라 남풍아 오라 나의 동산에 불어서 향기를 날리라 나의 사랑
하는 자가 그 동산에 들어가서 그 아름다운 열매 먹기를 원하노라"(아 4:16)

안 되는

온 천지를 헤매도
만날 수 없는 소망의 주님

마음과 정성을 다해도
붙들 수 없는 구원의 주님

일생을 다 바쳐 믿어도
알을 수 없는 생명의 주님

오늘도

내 가진 것 다 드려도
마음이 아니면 안 되는 주님

기도하고 말씀 들어도
진심이 아니면 안 되는 주님

날마다 살아도 죽어도
내 힘으로는 안 되는 주님

"너희는 내가 명하는 대로 행하면 곧 나의 친구라"(요 15:14)

즐거움

무슨 일이든지
모든 일 주님께 맡기고
주님 의지하는 즐거움

내 결정 물리치고
주시는 뜻대로 나가면
들어오는 마음의 평안

믿음의 하루 속
때에 따라 내려주시는
고마운 사랑과 참 지식

늘 기도만 한다면
날마다 위로해 주시고
알아주시는 주님 은혜

"그뿐 아니라 이제 우리로 화목하게 하신 우리 주 예수 그리스도로 말미암아
하나님 안에서 또한 즐거워하느니라"(롬 5:11)

인도

나의 생각을 아시는 주님
나의 행함을 보시는 주님

어디 있든지 주님 계셔서
내 마음을 살피시는 주님

추한 마음을 걸러내시며
죄인의 가는 길은 악하니

그 길은 아니라고 하시며
가지 말라고 붙드는 주님

불의함은 안 된다하시며
제 허물을 사하시는 주님

"죄가 너희를 주장하지 못하리니 이는 너희가 법 아래에 있지 아니하고 은혜
아래에 있음이라"(롬 6:14)

막대기

징계의 막대기 보아도
무심한 우리들

불의한 문제들 때문에
막대기를 들어도

무심한 내 맘 내 모습
세상 길 앞에 놓고

내 뜻대로 나갈 때만
속 풀리는 사람

고난이 닥쳐도 끝까지
잘하는 줄만 아는

언제나 믿음을 모르는
돌같이 굳은 나의 육신

"징계는 다 받는 것이거늘 너희에게 없으면 사생자요 친아들이 아니니라"
(히 12:8)

보화

우리 마음 낮추고 주님을 바라보면
하늘 은총 가득히

우리시선 맞추고 말씀을 듣다보면
맛보는 주님 은혜

마음을 낮추다가 들어오는 사랑에
놀라는 몸 마음

우리 마음 안에서 느끼는 주님 은혜
낮추고 낮추다가

만나는 주님 사랑 낮은 마음자리에
들어오는 주님 영광

"아버지께 참되게 예배하는 자들은 영과 진리로 예배할 때가 오나니 곧 이 때
라 아버지께서는 자기에게 이렇게 예배하는 자들을 찾으시느니라"(요 4:23)

먼 그 길

우리 잘한다고 잘 간다고
자신하지만

먼 그길 주님을 찾아가는
좁고 협착한 길

황폐하고 외로운 영혼들이
사모하며 가는 길

주님 만나려고 애를 쓰다가
낮은 마음에 오는

거룩한 주님 사랑 안에서
밝아지는 우리 믿음

주님 따르고 따르다가
열리는 주님 은혜

"네 마음을 다하고 목숨을 다하고 뜻을 다하고 힘을 다하여 주 너의 하나님
을 사랑하라 하신 것이요"(막 12:30)

큰 나무

길옆에 서있는 큰 나무 한그루
뜨거운 햇볕을 몸으로 가리고
사람들 몸 마음 시원하게 하는
파란 네 모양이 너무나 새로워

길 모퉁이 키가 큰 나무 한그루
넓은 가지 잎사귀 양산이 되어
뜨거운 햇빛을 매일 막아 주는
오롯한 네 모습이 너무 고마워

여름날 홀로선 큰 나무 한그루
푸른 옷을 바람에 휘날리면서
외로운 마음 감싸고 안아 주는
풍성한 푸르름이 너무 찬란해

외로이 서있는 큰 나무 한그루
항상 말이 없이 혼자 우뚝 서서
고단한 마음 풀어주는 네 얼굴
파란 네 미소가 너무나 황홀해

"너희의 단장은 머리를 꾸미고 금을 차고 아름다운 옷을 입는 외모로 하지
말고 오직 마음에 숨은 사람을 온유하고 안정한 심령의 썩지 아니할 것으로
하라 이는 하나님 앞에 값진 것이니라" (벧전 3:3-4)

주님 뜻

믿음 성숙 향하여
끊임없이 나갈 때

의롭게 살고 싶은
초보 신앙 넘어서

고정 관념 버리고
내면을 비우면서

선지자들 본 받아
목숨 걸고 나가는

믿음을 따라갈 때
샘솟는 우리 믿음

구원 길 찾아가는
의로운 주님 백성

"네 마음을 다하고 목숨을 다하고 뜻을 다하고 힘을 다하여 주 너의 하나님
을 사랑하라 하신 것이요"(막 12:30)

주의 길

날마다 오늘도 주님께 마음 드리며
애타게 불러보는 거룩하신 주 이름

부르면 내려오는 신비한 하늘 은혜
한없이 쏟아지는 뜨거운 사랑 비에

몸과 마음을 촉촉하게 적셔만 주면
신비한 사랑으로 해갈하는 내 영혼

오늘 하루도 마음은 하늘 저 곳으로
신비를 찾아 나는 애타게 달려가네

"그 때에 의인들은 자기 아버지 나라에서 해와 같이 빛나리라 귀 있는 자는 들으라"(마 13:43)

무능함

성경 말씀
자주 듣고 사는데

늘 들어도
하나도 모르는 나

말씀은 못 믿고
자기만 챙기는 나

말씀은 듣지만
실천을 모르는 나

그 믿음 적고
어리석고 약한 나

"나 곧 나는 나를 위하여 네 허물을 도말하는 자니 네 죄를 기억하지 아니하
리라"(사 43:25)

25일

장애

사고만 치면서
살아가는 큰 실수투성이

말과 행동으로
큰일만 자주 저지르면서

아무것도 모르는
영적 장애인 절름발이도

영광의 빛이
한 번만 비치면 뜨는 눈

비로소 보이는
헛된 육신 냉정한 내 모양

"그 때에는 이스라엘에 왕이 없었으므로 사람마다 자기 소견에 옳은 대로 행
하였더라"(삿 17:6)

259

또 가도

가고 또 가도
보이지 않는 비밀한
주님 계시는 소망의 나라

뛰고 또 뛰어도
우리 힘으로 안 되는
신비하고 거룩한 저 하늘

듣고 또 들어도
도무지 깨닫지 못하는
주님이 주신 진리의 말씀

달리고 달려가도
마음대로 갈 수 없는
높은 그 곳, 주님 계신 곳

"하나님은 모든 사람이 구원을 받으며 진리를 아는 데에 이르기를 원하시느
니라"(딤전 2:4)

말씀 따라

오늘도 주님의 심정이
마음에 입혀져 아프면

주님의 아픈 마음알고
매사 근심하는 사람도

주님의 은혜만 느끼면
부단히 일어나는 우리

둔하고 약한 사람이나
믿음으로 늘 감사하며

주님의 말씀 따라가다
만나는 생명의 진리 맛

"그는 사람의 길을 주목하시며 사람의 모든 걸음을 감찰하시나니"(욥 34:21)

나팔소리

불안하고 불의한 세상에서
참된 믿음 진실한 사람들이

죄성, 악성, 육성의 모든 것
물리치고 이기면서 나갈 때

육신은 연약하고 힘들어도
어둠을 밀어내는 선한 싸움

주님의 진리 길을 따라가다
솟는 은혜가 마음을 이끌면

세상의 모든 것을 극복하며
마음 담 넘어가는 우리의 삶

말씀 나팔소리 듣기만 하면
깨어나는 곤고한 나의 사람

"그의 영광을 모든 민족 중에, 그의 기이한 행적을 만민 중에 선포할지어다"
(대상 16:24)

먼 훗날

먼 산 푸른 숲을 보면
풀 향기가 넘쳐흐르고

먼 들판 푸른 정원에는
예쁜 꽃들이 피어나고

먼 하늘 높은 산 위에는
뭇 생명 살아 숨 쉬고

먼바다 푸른 고장에는
푸른 미래가 살아나고

먼 훗날 푸른 시간에는
파란 소망이 솟아나고

"내가 그들을 향하여 휘파람을 불어 그들을 모을 것은 내가 그들을 구속하였
음이라 그들이 전에 번성하던 것 같이 번성하리라" (슥 10:8)

263

우리들

땅에 사는 나약한 육신은
주님 의지하며 사는 것이 얼마나
귀한지 신비한지

마음이 괴롭고 슬플 때면
바라볼 복된 나라가 있으니 다시
큰 힘을 얻은 우리

이 좋은 믿음의 길 주신
주님께 늘 감사하며 기쁘게 가는
고맙고 행복한 우리들

주님께 마음을 드리면
끊임없이 주시는 한없는 사랑에
감사하며 사는 우리

"우리로 하여금 빛 가운데서 성도의 기업의 부분을 얻기에 합당하게 하신 아
버지께 감사하게 하시기를 원하노라" (골 1:12)

사라지고

주님만 생각하면
근심 걱정 물러갑니다

주님만 떠올리면
평안함이 솟아납니다

주님만 기억하면
고운 미소가 번집니다

주님만 바라보면
소망 기쁨 넘쳐납니다

주님만 의지하면
불평 불만 사라집니다

"이 세상이나 세상에 있는 것들을 사랑하지 말라 누구든지 세상을 사랑하면
아버지의 사랑이 그 안에 있지 아니하니"(요일 2:15)

우리 주님뿐

시련의 때에 도움 받을 곳과
마음의 근심 풀어놓을 곳은
우리 주님뿐입니다

문제 속에서 위로받을 곳과
나의 은신처가 되시는 분은
우리 주님뿐입니다

세상에서 실패를 경험한 후
믿음 따르는 마음 아는 이
우리 주님뿐입니다

환난 날에 위로를 받을 곳과
내 생의 방패가 되시는 분은
우리 주님뿐입니다

"그러므로 형제들아 더욱 힘써 너희 부르심과 택하심을 굳게 하라 너희가 이
것을 행한즉 언제든지 실족하지 아니하리라"(벧후 1:10)

굳센 믿음

오늘도 나의 하루 속에
무슨 일이 생길지 마음은 두렵지만

진정으로 주님을 바라고
주님만 의지하는 굳센 믿음 안에서

세상 지식 다 내려놓고
주님만 바라보고 주님만 믿고 사는

비밀한 여정 속에서
진리의 맛으로 익어가는 나의 영혼

마음만 열리면
솟는 주님 은혜 믿음의 기쁨 한가득

**"이 세상이나 세상에 있는 것들을 사랑하지 말라 누구든지 세상을 사랑하면
아버지의 사랑이 그 안에 있지 아니하니"**(요일 2:15)

한 없는 축복

우리가 일하는 것은
주님의 특별하신 은혜지
우리의 지식이 아닙니다

우리가 건강한 것도
주님의 신비한 선물이지
우리의 힘씀이 아닙니다

우리가 성공을 해도
주님 은혜로 하는 것이지
우리의 수단이 아닙니다

우리가 사는 삶도
주님의 한없는 축복이지
우리의 능력이 아닙니다

"사람이 마음으로 믿어 의에 이르고 입으로 시인하여 구원에 이르느니라"
(롬 10:10)

푸른 꿈

오늘도 파아란 바다로
떠나가는 하얀 조각배

파란 물결이 출렁이는
푸른 수평선 저 너머에

황홀한 저녁의 노을이
홀연히 붉게 타오르면

오늘도 곱게 물이 드는
고요하고 평안한 하루

마음속 바다는 파랗게
푸른 미래의 소망 속에

파아란 빛으로 물드는
파아란 영혼의 파란 꿈

"찬송하리로다 하나님 곧 우리 주 예수 그리스도의 아버지께서 그리스도 안
에서 하늘에 속한 모든 신령한 복을 우리에게 주시되"(엡 1:3)

285

뉘우침

늘 바른 삶을 살아가는 그것도 죄라는
것을 하나도 모르면서 살아온 나의 삶

주님을 믿어도 아무 것도 모르던 제가
큰 죄인이라는 것을 이제 알았습니다

죄가 난무하는 세상 속에 죄를 먹으며
죄를 마시고 토해도 조금도 못 느끼는

죄의 틀 속에 묻어 산 추한 나의 모습
그가 나라는 것을 곧 깨달았습니다

늘 잘 믿는다고 하면서 주님 없이 산
그 날의 못된 저를 알아보지 못하는

거짓가면에 갇혀 산 저의 추한 모습을
비로소 뉘우치며 곧 제가 돌아갑니다

"자기의 육체를 위하여 심는 자는 육체로부터 썩어질 것을 거두고 성령을 위
하여 심는 자는 성령으로부터 영생을 거두리라"(갈 6:8)

참맛

무수한 어려움 속에도
주님께 나가면 편해지는 마음

그래서 감사만 하면
마음 안에 편안, 평안한 그 하루

어디를 가든지
믿음이 아니면 알 수 없는 그 복

매 순간 은혜로 하면
들어오는 평화, 평강, 주님 은총

주님을 알아가며
커가는 진리의 참맛, 말씀 진미

"영광되었던 것이 더 큰 영광으로 말미암아 이에 영광될 것이 없으나"
(고후 3:10)

소리없는 눈물

눈물 사이로 보이는 세상은 어둠
인생은 서러워서 소리 없이 울고

흐르는 슬픔 사이로 스미는 긍휼
육신은 고독하나 기뻐하며 울고

무정한 사람이 풍기는 냉기 보면
감정은 정이 없어 아파하며 울고

외로운 마음 눈으로 보이는 세상
환경은 처량해도 고마워서 울고

혹독한 질병들 속에 주시는 위로
심령이 낮아지면 흐느끼며 울고

믿음 속에 내려오는 주님 큰사랑
영혼은 벅차올라 감사하며 울고

"그들이 눈물 골짜기로 지나갈 때에 그 곳에 많은 샘이 있을 것이며 이른 비가 복을 채워 주나이다"(시 84:6)

천상의 맛

성경 말씀을 들을 때마다
번개같이 들어오는 은혜 속에
불현듯 깨닫다가 느끼는 것들

성경 말씀을 사모하다가
문득 알아들으면 열리는 은혜
신비한 믿음의 깊은 영적 지식

성경 말씀을 읽을 때마다
새로운 길로 향하게 이끄시고
진리 말씀 지식에 놀라는 영혼

성경 말씀대로 살 때마다
깊어지는 영혼이 맛보는 단맛
생명의 흐름 비밀한 천상의 맛

"하나님은 모든 사람이 구원을 받으며 진리를 아는 데에 이르기를 원하시느
니라"(딤전 2:4)

참회 기도

골고다 언덕에서 십자가 지시고
목이 아프도록 드리는 주님 기도

나 위해 십자가 지신 구원의 주
우리보고 돌아오라고 외치는 주

괴롭고 슬픈 고통의 십자가 앞에
눈물을 흘리며 드리는 나의 기도

죄 짐을 가지고 주님께 나가오니
세상의 모든 죄를 용서해 주소서

추한 마음 그대로 가지고 가오니
저의 모든 죄들을 용서해 주소서

"예수께서 이르시되 할 수 있거든이 무슨 말이냐 믿는 자에게는 능히 하지 못
할 일이 없느니라 하시니"(막 9:23)

274

빛으로

늘 마음을 드려도
믿음으로 가는 길은 아득하고

마음은 허전해도
잠잠히 인내하며 주님 향할 때

생명의 빛만 비치면
그 빛으로 달궈지는 쪽빛 영혼

찬란한 생명의 빛
영혼을 소생시키는 능력의 큰 빛

그 빛 받아 살아나는
성도들이 가고 싶은 저 먼 하늘 길

"그 권면은 너희를 부르신 이에게서 난 것이 아니니라" (갈 5:8)

큰 복

사람들은 날 오라고 부르지만
내가 가고 싶은 곳은 주님 품

세상 사람들은 날 불러대지만
내가 원하는 것은 저 하늘 꿈

믿음을 생각하면 마음 기쁘고
은혜 속에 살면 평안이 스쳐서

생애, 생명 길인 큰 복을 아니
그 무엇도 내 맘 붙들 수 없는

믿음만 따라가는 순례의 길에
나의 소망과 기쁨은 주님 한분

"또 광야가 변하여 못이 되게 하시며 마른 땅이 변하여 샘물이 되게 하시고"
(시 107:35)

길

영성으로 가는 길은
신자가 가는 구비진 길
험하고 고단한 나그네의 길입니다

영성으로 가는 길은
선진의 발자취 따라가는
아프고 서러운 방랑자의 길입니다

영성으로 가는 길은
홀로 가야 하는 고단한
슬프고 괴로운 십자가의 길입니다

영성으로 가는 길은
죽으면 살고 살려면 죽는
목숨 걸고 나가는 순교의 길입니다

"누구든지 나를 따라오려거든 자기를 부인하고 자기 십자가를 지고 나를 따
를 것이니라"(마 16:24)

삶이란

삶은 괴로운 것
믿음이 아니면 이 삶의
풍파들 이길 힘은 그 누가 주는가

삶이란 어려운 것
삶이 주는 모든 고통과
많은 고난 이길 힘은 어디서 오는가

삶이란 서러운 것
삶의 질고와 질병들을
날마다 이길 힘은 그 누가 주는가

삶이란 애달픈 것
믿음 아니면 삶이 주는
시련들을 이길 힘은 어디서 오는가

"또 청결하고 정직하면 반드시 너를 돌보시고 네 의로운 처소를 평안하게 하실 것이라"(욥 8:6)

넘어가기

오늘 드디어 또다시 고난의 고비 넘는다
고난은 아프지만 고난 속에 자라는 믿음

세상 삶에서 맛보는 시련 속에 솟는 소망
고난을 넘을 때마다 그 슬픔을 이겨내며

고난을 자주 넘다가 고난 속 영그는 믿음
끊임없이 나아가다 깊어지는 믿음 여정에

새 은혜가 들어오고 새 능력이 들어오면
깊어지는 지혜 지식에 샘솟는 진리 영성

"그러나 네가 거기서 네 하나님 여호와를 찾게 되리니 만일 마음을 다하고
뜻을 다하여 그를 찾으면 만나리라"(신 4:29)

불러보는

감히 부를 수 없지만
부르고 불러보는 그 이름

마음으로 불러보는
우리 구주 예수 그리스도

늘 불러보아도
소식 없는 하늘 그 먼 곳

헛된 메아리만
무성한 영혼의 빈 소리가

헛되고 아파도
부르고 또 불러야 시원한

사랑스런 그 이름
우리 능력인 구주 예수님

"누구든지 주의 이름을 부르는 자는 구원을 받으리라"(롬 10:13)

그 어디에

목마른 사슴이 시냇물을 찾듯이
내가 늘 찾는 주님은 그 어디에

하늘보고 물 마시는 병아리처럼
생명주는 주님 말씀은 그 어디에

긴 목 갖고 하늘 바라는 기린같이
주님을 그리는 마음은 그 어디에

느릿느릿 걷는 거북이 같이 느린
믿음 없는 영혼의 슬픔은 어디에

높이높이 하늘 나는 독수리 같이
하늘을 오르는 믿음은 그 어디에

"여호와께서 내 음성과 내 간구를 들으시므로 내가 그를 사랑하는도다"
(시 116:1)

드높이

곱고 아름다운 노랫소리가
메아리 되어 가슴을 울리면

풍성한 메아리가 마음 가득
고운 소리에 감동하는 하루

아련한 사랑의 노래 소리가
귓가에 쟁쟁히 들려올 때면

생명 여운이 영혼에 닿아서
마음은 높이 하늘을 떠돌며

하얀 구름처럼 드높이 올라
주님 따르네 주님을 바라네

"할렐루야 하늘에서 여호와를 찬양하며 높은 데서 그를 찬양할지어다"
(시 148:1)

믿음으로

지렁이만도 못한 제가
주님 이름을 부릅니다

주님 믿는 것도 기적인
제가 주님을 찾습니다

하루살이 같은 사람이
주님 이름을 그립니다

빈궁하고 천한 사람이
주님 사랑을 원합니다

내 육신 더럽고 추해도
늘 주님만 따라갑니다

"예수께서 하나님의 아들이심을 믿는 자가 아니면 세상을 이기는 자가 누구
냐"(요일 5:5)

문

날마다 분초마다
은혜 따라 말씀 따라가면
신비하게 열리는 구원의 문

문이 열리면 들어가
기쁘게 끊임없이 더 가면
자꾸만 더 열리는 생명의 문

문이 열릴 때마다
마음속 은혜로 고마워 떨면
또 다시 열리는 영광스러운 문

문 안으로 들어가
생명 시내를 건너만 가면
드디어 열리는 열두 진주문

"문들아 너희 머리를 들지어다 영원한 문들아 들릴지어다 영광의 왕이 들어
가시리로다"(시 24:9)

사랑합니다

사랑합니다 우리 주님
온 맘 다해 진정으로

사랑합니다 끝 날까지
시간 드려 마음 다해

사랑합니다 자나 깨나
하루 종일 온 힘 드려

사랑합니다 영원토록
끝 날까지 정성 다해

사랑합니다 끊임없이
나의 생명 목숨 다해

"형제들아 내가 그리스도 예수 우리 주 안에서 가진 바 너희에 대한 나의 자랑을 두고 단언하노니 나는 날마다 죽노라"(고전 15:31)

봄빛

따스한 햇살이 그리운 날
그대는 무슨 생각을 하며
그 어디를 바라보고 있나

따뜻한 봄은 돌아오는데
그대는 무슨 상념에 젖어
지난 추위를 삭이고 있나

추운 날은 지나 봄이 와도
너는 그 어느 모꼬지에서
밝은 그 빛 등지고 있는가

구원의 빛은 지금 오는데
그대는 무슨 행복에 겨워
그 빛 왜 외면하고 사는가

"네가 무엇을 결정하면 이루어질 것이요 네 길에 빛이 비치리라"(욥 22:28)

깨달음

추한 것이 밀물같이 밀려드는
불의와 그 속에 묻혀서 살던

무덤 같은 날들은 너무 길지만
나 자신을 조금도 알지 못하고

내 모든 힘을 다하여 주님 앞에
내 열심으로 믿으려고 애쓴 죄

그런 나를 날마다 돌아보다가
놀라며 깨달은 태산 같은 그 죄

내 마음을 전혀 알지 못하면서
남 알아주지 못한 것도 큰 죄

나의 모습을 너무도 모르면서
남 인정할 줄 모르는 나쁜 죄

나를 하나 돌아보지 못하면서
남을 돌볼 줄 모르던 추한 죄

"사람이 마음으로 믿어 의에 이르고 입으로 시인하여 구원에 이르느니라"
(롬 10:10)

생명 나라

조용한 저녁의 흐름이
안개처럼 내려앉던 날

멀고 아득한 저 시온성
열두 진주문이 그리운

아름답고 찬란한 그곳
곤한 사람이 가고 싶은

꿈속에 그리는 저 천국
우리 가야할 믿음 나라

황금길 일곱 금촛대가
눈에도 선한 생명 나라

"여호와께서 맹인들의 눈을 여시며 여호와께서 비굴한 자들을 일으키시며
여호와께서 의인들을 사랑하시며"(시 146:8)

심령의 기도

늘 당당하게 나가다가
다치면 추락하는 육신

세상 지혜 늘 따르다가
망하면 무너지는 사람

자기만 아는 삶 속에서
고정 관념이 바뀌다가

돌이키는 심령의 기도
주여 미천한 이 육신인

저를 버리지 마옵소서
저를 생각해 주옵소서

"내 영혼아 네 평안함으로 돌아갈지어다 여호와께서 너를 후대하심이로다"
(시 116:7)

선물

날마다 가난한 마음을 보시고
낮추는 자리에 오시는 주님 은혜

비천한 마음 처소에 겸손하게
낮아진 마음에 오시는 주님 긍휼

마음 돌려 애통해 하는 마음을
아시고 신속히 오시는 주님 위로

낮아짐을 통하여 오는 그 은혜
빈궁한 마음에 스미는 주님 사랑

"그들이 자기 칼로 땅을 얻어 차지함이 아니요 그들의 팔이 그들을 구원함도
아니라 오직 주의 오른손과 주의 팔과 주의 얼굴의 빛으로 하셨으니 주께서
그들을 기뻐하신 까닭이니이다"(시 44:3)

소명

주님은 나를 부르신다
말씀과 진리 생명과 구원
믿음의 귀한 복 알려 주시고

말씀 따라 믿음 따라
은혜로 가는 이정표 따라
믿음의 생명 길 보여주신다

그리고
주님이 나를 이끄신다
사랑과 온유, 겸손과 충성
믿음의 가는 길 알게 하시고

말씀 따라 소명 따라
믿음으로 가는 길 따라
하늘가는 밝은 길 알려주신다

"우리가 살아도 주를 위하여 살고 죽어도 주를 위하여 죽나니 그러므로 사나
죽으나 우리가 주의 것이로다"(롬 14:8)

새로운

한적한 오솔길 걸어갈 때면
마음 울리는 그윽한 노래가
허전하고 빈 마음을 채우면

이름 모를 새들도 새 곡조로
기쁘게 영혼을 위로해 주는
은혜의 복된 성령 동산에서

성령의 불 바람이 불어대고
뜨거운 은혜로 마음 설레는
아름다운 은혜에 신이 나는

하루 삶에 넘치는 주님 은총
사랑 흐름이 영혼을 적시면
돌 같은 마음도 곧 살아나네

"오직 너희의 심령이 새롭게 되어"(엡 4:23)

어디인가

아무리 채워도 헛된 마음
많이 먹어도 허기는 그대로

배고픈 영혼의 탄식이
끝없이 무성하던 어느 날에

육신의 공허가 한없이
마음을 휩쓸고 지나갈 때면

내가 갈 곳과 붙들 곳
내가 안주할 곳은 어디인지

고달픈 마음이 찾아가
안전히 기댈 곳은 어디인지

슬픈 육신이 달려가서
쉴 곳은 과연 그 어디인지

"그들에게 우리가 한시도 복종하지 아니하였으니 이는 복음의 진리가 항상
너희 가운데 있게 하려 함이라"(갈 2:5)

단비

주님 은혜가 너무 그리운 밤
외로운 창가에 기대어 서서
기다리는 그 비 언제나 오나
내가 원하는 비는 소식 없네

하늘의 은혜 비가 내려오면
만물도 촉촉하게 잘 자라고
마음도 은혜 비에 늘 젖으면
몸, 마음도 빨리 살아나건만

하늘에서 내리는 그 빗소리
깊은 한밤의 아련한 곡조를
한없이 기다리는 곤한 하루
그 비는 오늘도 소식이 없네

영혼을 감싸는 하늘 소나기
신비처럼 내리는 단비 찾아
영혼은 은혜의 비를 찾아서
나는 달려가네 주님 그리네

"그는 벤 풀 위에 내리는 비 같이, 땅을 적시는 소낙비 같이 내리리니"
(시 72:6)

충만

문득 광활한 우주 음율의
여운이 아련하게 들리면
영혼은 어느 덧 하늘 날고

어디선가 은은한 소리가
마음에 와닿아 감동하면
마음은 환하게 살아나고

알 수 없는 천상의 노래가
마음에 잔잔히 스며들면
영혼은 덩달아 떠오르고

사랑의 멜로디 그 울림이
가난한 영혼에 밀려들면
몸은 하늘로 뛰어오르고

"온 땅이여 여호와께 노래하며 그의 구원을 날마다 선포할지어다"
(대상 16:23)

그는 어디에

세상이 얼어붙은 날
겨울바람은 차고 추운데
갈 곳 없어 헤매는 사람들

마음 아픈 사람 위해
환한 모닥불을 피워 주는
사랑 많은 이는 그 어디에

바람이 세찬 추운 날에
마음은 곤해 슬퍼 아픈데
갈 곳 몰라 어둔 우리 삶에

다정하게 다가와
사랑 빛 환하게 비쳐줄 이
그는 과연 그 어디에 있나

"사랑하는 자들아 하나님이 이같이 우리를 사랑하셨은즉 우리도 서로 사랑
하는 것이 마땅하도다"(요일 4:11)

시련

세상 삶 속에 살아가다
모든 희망이 무너지는

시련의 장소에서 오직
의지할 분은 우리 주님

두렵고 떨리는 사건과
실패의 터널로 빠지는

슬픈 삶의 밑바닥에서
붙들 분은 우리 주님뿐

모든 질고와 고난 속에
두려움이 늘 밀려드는

생애의 내리막길에서
찾을 이 우리 주님뿐

"하나님의 나라에 들어가려면 많은 환난을 겪어야 할 것이라 하고"(행 14:22)

보호자

자나 깨나 혼자인
나를 날마다 잊지 않고서
돌보아 주시는 우리 주님

사람들이 많이 있어도
돌보는 이 없는 이 육신을
늘 지켜주시는 우리 주님

이 내가 무엇이기에
나 이 사람이 무엇이기에
인도해 주시는 우리 주님

내 모든 것을 아시고
나의 삶을 이끌어 주시는
사랑되신 우리 주 예수님

"너희는 마음에 근심하지 말라 하나님을 믿으니 또 나를 믿으라"(요 14:1)

본향

어느 때든지
자신의 관점으로 살아 가다가
영으로 가야 만나주시는 주님

어디로 가든지
성경의 말씀을 따라 순응하며
주님만 믿고 사는 쇠약한 영혼

주님만 의지하면
아늑히 들리는 천상의 음율과
그윽한 노래가 영혼을 울리면

우리 마음이 가고픈
젖과 꿀이 흐르는 영광된 그곳
구원 생명의 나라 주님 계신 곳

믿음으로 그리는
찬란한 본향 소망스런 저 하늘
누구나 가고 싶은 영원한 나라

"예수께서 이르시되 내가 곧 길이요 진리요 생명이니 나로 말미암지 않고는
아버지께로 올 자가 없느니라"(요 14:6)

순종

오늘도
그 누가 나를 사랑하냐고 물으면
나는 사랑한다고 얼른 대답합니다

그리고
그들을 사랑하냐고 물으면
그렇습니다 라고 대답할 것입니다

그러나
주님이 나를 사랑하냐고 물으시면
저는 망설이며 대답하지 못합니다

왜냐하면
늘 궂은일 싫어하는 나의 본성이
그 걸음을 멈칫거리며 망설이지만

언제나
주님이 힘만 주시면 무슨 일이든지
사랑하며 가겠다고 대답하겠습니다

"사람이 나를 섬기려면 나를 따르라 나 있는 곳에 나를 섬기는 자도 거기 있
으리니 사람이 나를 섬기면 내 아버지께서 그를 귀히 여기시리라"(요 12:26)

사랑비

하늘에서 비가 내리면
슬픈 영혼은 살아나고

사랑의 비가 쏟아지면
마음은 기뻐 일어나고

늘 목마르게 기다리던
은혜의 비가 내려와서

갈하게 메마른 마음을
사랑비가 적셔만 주면

은혜로 사는 오늘 하루
사랑 속에 싹트는 믿음

사랑으로 물드는 영혼
은혜로 사는 좋은 하루

"그러나 온유한 자들은 땅을 차지하며 풍성한 화평으로 즐거워하리로다"
(시 37:11)

6부

주님 말씀

마음 서러울 때마다
생각나는 주님 말씀
내가 널 사랑하노라

세상 불안할 때에도
기억나는 은혜 말씀
너 두려워하지 말라

큰 시련 밀려들 때
들려오는 소망 말씀
너는 나를 의지하라

질고질병 몰아칠 때
들리는 위로의 말씀
너는 나만 바라보라

"너희는 말씀을 행하는 자가 되고 듣기만 하여 자신을 속이는 자가 되지 말라"(약 1:22)

행복

주님 사랑 속에
잘 지내고

주님 사랑 속에
잘 믿으며

주님 사랑 속에
마음 기쁘고

주님 사랑 속에
자유하면서

주님 사랑 속에
크는 내 마음

"아들이 있는 자에게는 생명이 있고 하나님의 아들이 없는 자에게는 생명이
없느니라"(요1 5:12)

하늘 꿈

창밖으로 보이는
어두운 세상 우울한 마음으로

주님만 생각하면
깊어지는 은혜에 감동이 어려

주님을 떠올리면
마음에 가득한 주님의 사랑이

소리 없이 스미면
끊임없는 생애의 탄식 속에서

주님만을 따르면
내려오는 은혜로 솟는 하늘 꿈

"마음의 즐거움은 얼굴을 빛나게 하여도 마음의 근심은 심령을 상하게 하느
니라"(잠 15:13)

감정

슬퍼도 주님을 바라보면
마음이 기쁘고

아파도 주님을 그려보면
마음이 풀리고

서러워도 주님을 따르면
마음이 편안하고

곤해도 주님을 생각하면
마음이 펴지고

"백성들아 시시로 그를 의지하고 그의 앞에 마음을 토하라 하나님은 우리의
피난처시로다(셀라)"(시 62:8)

세상

창문 사이로 보이는 세상
검은 스모그 세균이 가득

미래 희망도 희뿌연 연기
질병과 소음이 세상 가득

마음속은 슬픔, 근심, 걱정
영혼은 항상 불안과 좌절

앞날은 검고 희뿌연 먼지
불행하게 사는 우리 인생

그 곳에서 믿을 이 주님 한 분
의지할 이는 구원 주님뿐

"애굽의 도움은 헛되고 무익하니라 그러므로 내가 애굽을 가만히 앉은 라합
이라 일컬었느니라"(사 30:7)

동산에

온천지 푸르름으로 가득한
뭇 생명이 살아 숨 쉬는 곳

만물을 지으신 주님 생명이
춤추듯 흐르듯이 넘쳐나는

우주의 여운도 너무 찬란한
주님이 사시는 생명의 동산

만상의 음율에 마음 맡기고
세상을 넘어 주님을 그리는

짙고 푸른 생명의 동산에서
파란 소망에 젖는 푸르른 꿈

주님을 푸르게 쳐다보다가
푸른 소망에 크는 푸른 영혼

"왕이신 나의 하나님이여 내가 주를 높이고 영원히 주의 이름을 송축하리이
다"(시 145:1)

참된 의사

매사에 아프고 고단한 그
육신의 질고 질병 속에서

모든 병을 고쳐주실 분은
참된 의사인 우리 주님뿐

병든 몸 맡기기만 하면
도움주실 분 우리 주님뿐

생명 되시는 우리 주님께
의지하는 약한 영혼과 몸

나의 병 고칠 이는 주님뿐
나 살리실 이 우리 주님뿐

"주는 나를 용서하사 내가 떠나 없어지기 전에 나의 건강을 회복시키소서"
(시 39:13)

훈풍

밀려드는 은혜 그 훈풍이
온몸에 닿으면 감사, 감동

소리 없이 부는 그 바람에
마음이 물들면 금빛 영혼

절절한 은혜로 마음 부푼
푸른 소망이 크는 순간에

천한 사람이 누리는 은혜
심령에 고이는 생명의 맛

은혜, 은총, 마음을 감싸는
감사한 오늘 기쁜 이 하루

"육신을 따르는 자는 육신의 일을, 영을 따르는 자는 영의 일을 생각하나니"
(롬 8:5)

하나님

나의 인생이 걸어온
지난 날은 모두 기적 그 자체

믿음이 없는 나를
믿어 주고 항상 보호하시어

가는 길마다 여시고
어려울 때마다 늘 도우시는

은혜 구원의 하나님
믿음 소망과 생명의 하나님

지난 어려운 삶을
날마다 인도해주신 하나님

크고 깊으신 사랑으로
늘 돌봐주시는 나의 하나님

"이 세상도, 그 정욕도 지나가되 오직 하나님의 뜻을 행하는 자는 영원히 거
하느니라"(요일 2:17)

사모하는 마음

가을 짙은 낙엽 향기가 가득히
풍겨나는 높은 산 위에서
하늘을 보고 중얼거리는 말
난 지금 주님만 믿고 살아갑니다

가을이면 떨어지는 잎들의
추락하는 모습이 처량해도
돌아올 새봄을 생각하면서
주님 맞이할 그날을 바라봅니다

춥고 찬 초겨울 산등성 밑
낮은 땅속에 떨어지는 낙엽들
잠잠히 죽어가는 모습이 아픈
오늘도 감사로 받고 나아갑니다

우리 몸은 날마다 쇠약해져
미래를 알 수 없는 오늘 하루도
시련을 극복하는 굳센 믿음으로
늘 주님을 사모하며 달려갑니다

"인내는 연단을, 연단은 소망을 이루는 줄 앎이로다"(롬 5:4)

구하는 마음

주님 천한 사람이 간절히 비오니
사랑 불기둥 타시고 어서 오소서

주님 지금 애타게 엎드려 비오니
소망 무지개 타시고 속히 오소서

주님이여 공허한 제 마음 안으로
긍휼 가마 타시고 빨리 와주소서

천한 육신이 애를 태우며 비오니
은혜 물결 타시고 지금 와주소서

주님이시여 저의 헛된 삶 안으로
사랑의 그네 타시고 속히 오소서

곤한 사람이 끊임없이 늘 비오니
생명 수레 타시고 어서 와주소서

"여호와여 내가 주를 불렀사오니 속히 내게 오시옵소서 내가 주께 부르짖을
때에 내 음성에 귀를 기울이소서"(시 141:1)

어찌할까

마음은 들과 산을 돌아다니며
모든 고통 근심을 잊으려 하나
내 마음대로 안 되니 어찌하나

마음은 온 세상을 돌고 돌면서
깊게 쌓인 괴로움 잊으려 하나
내 소원대로 안 되니 근심 걱정

마음은 세상을 보고 또 보면서
속 안의 분노 매일 다스리지만
내 소견대로 안 되니 어찌하나

마음은 먼 하늘 날아다니면서
마음의 모든 일 풀어 보려하나
내 능력으로 안 되니 시름, 설움

"그러므로 내일 일을 위하여 염려하지 말라 내일 일은 내일이 염려할 것이요
한 날의 괴로움은 그 날로 족하니라"(마 6:34)

본능

본능에 속해서 본능으로 살아가는
본능에 속한 육신

본능으로 살며 본능에 반응하면서
본능에 갇힌 육신

본능적 표현이 주종을 이뤄가면서
사는 본능적 육신

본능으로 행해도 그것이 죄인 줄을
모르는 본능적인 사람

본능으로 가면서 잘 가는 줄 아는
주님 모르는 본능적인 나

"그러므로 너희는 오만한 자가 되지 말라 너희 결박이 단단해질까 하노라 대
저 온 땅을 멸망시키기로 작정하신 것을 내가 만군의 주 여호와께로부터 들
었느니라"(사 28:22)

즐거운 인생

가만히 마음만 드리면
밀려드는 은총 하늘 생명이
온몸에 닿으면 벅찬 기쁨

소리 없이 오는 은혜
샘솟는 영혼의 주님 은총이
가득 솟아나면 소생하는 그

거룩한 성령 바람과
아름답고 벅찬 주님 사랑에
힘을 내는 연약한 내 마음

주님의 사랑 안에서
말씀 지혜 진리를 따라가는
믿음이 기쁘고 즐거운 인생

"여호와의 율법은 완전하여 영혼을 소성시키며 여호와의 증거는 확실하여
우둔한 자를 지혜롭게 하며"(시 19:7)

감사로

하루 삶 속에서
맛보는 모든 문제들

다치고 상하는
그 실패의 자리에서

이 시련 이기는 힘은
다만 감사로

이 어려움 넘는 마음
또한 감사로

상한 감정 넘는 것도
한없는 감사로

기도만 하면 오는 힘
오직 감사로

"여호와께 감사하라 그는 선하시며 그 인자하심이 영원함이로다" (시 136:1)

큰 물결

온 마음에 불안 두려움이 오고
공포와 설레임이 엄습해 와도
주님 은혜로 저는 살아갑니다

큰 광풍 큰 물결이 늘 위협하고
먼 산 큰 바위가 나를 압박해도
주님 사랑으로 저는 넘어갑니다

늘 고통 근심이 매일 엄습하고
큰 실패 좌절이 몰아닥칠 때도
주님 위로로 저는 극복합니다

큰 전쟁 병마가 온몸을 상하고
시련 괴로움이 날 아프게 해도
주님 믿음으로 저는 달려갑니다

"두려워하지 말라 내가 너와 함께 함이라 놀라지 말라 나는 네 하나님이 됨이
라 내가 너를 굳세게 하리라 참으로 너를 도와 주리라 참으로 나의 의로운 오
른손으로 너를 붙들리라"(사 41:10)

보혈

오늘 주님이 십자가에서 흘리신
그 피가 나를 덮어주지 않으면
모든 죄들 그 누가 용서해 주는가

어제도 주님의 십자가의 보혈로
주홍 같은 붉은 죄 씻지 않으면
칠흑 같은 죄 그 누가 사해주는가

미래도 주님의 십자가의 보혈이
추한 나의 몸을 씻어주지 않으면
육신 생명 길 그 누가 열어주는가

지금도 주님 십자가 보혈 공로가
늘 어두운 마음 밝혀주지 않으면
사랑의 구원 선물 그 누가 주는가

"예루살렘아 네 마음의 악을 씻어 버리라 그리하면 구원을 얻으리라 네 악한
생각이 네 속에 얼마나 오래 머물겠느냐"(렘 4:14)

결단

봇짐 메고 험한 길을 걸어가면서
먼 산을 쳐다보다 중얼거리는 말
저는 주님만 바라볼 것입니다

목마르고 배는 고픈데 곤한 순간
주님께 나아가면서 기도하는 말
저는 주님만 따라갈 것입니다

슬픈 마음은 외로워서 답답한데
마음속에 근심하며 탄식하는 말
저는 주님만 의지할 것입니다

앞길이 전혀 보이지 않는 곳에서
마음은 외롭고 시련은 끝없어도
저는 주님만 사랑할 것입니다

"너희가 내게 부르짖으며 내게 와서 기도하면 내가 너희들의 기도를 들을 것
이요"(렘 29:12)

소망의 떡

맛있는 음식을 보고
기도하며 감사하게 먹으면

소망이 넘쳐나면서
힘이 나서 사는 오늘 하루

맛있게 먹는 떡들이
나의 궁한 맘을 만족시키면

믿음 안의 기쁜 날
주님으로 사는 아름다운 날

말씀 떡을 먹으면
배부르고 벅찬 이 기쁜 날

"예수께서 대답하여 이르시되 기록되었으되 사람이 떡으로만 살 것이 아니
요 하나님의 입으로부터 나오는 모든 말씀으로 살 것이라 하였느니라 하시
니"(마 4:4)

찬양

사랑의 소리가 들려오면
어둔 마음도 활짝 펴지고

고운 노래 소리가 들리면
영혼도 펴져서 웃고 날고

귓가에 정든 찬송 들리면
모든 삶도 기뻐서 설레고

주님을 높여 찬송만 하면
맘과 육신은 하늘을 날고

"여호와께 노래하여 그의 이름을 송축하며 그의 구원을 날마다 전파할지어다"(시 96:2)

깊은 사랑

빗줄기가 세찬 물보라에
몸이 홀연히 젖던 어느 날
주님께 속으로 기도하는 말

저는 주님 밖에 없습니다
저를 좀 기억해 주십시오
나도 모르게 눈물이 흐르면

나도 늘 사랑한다 하시는
세미한 주님 말씀 소리에
목이 메이면서 감동이 오면

귀한 주님의 깊은 사랑이
마음 살리고 영혼 살리네
믿음을 살려 생명을 살리네

"영생은 곧 유일하신 참 하나님과 그가 보내신 자 예수 그리스도를 아는 것
이니이다"(요 17:3)

눈물

외롭고 고단한 삶으로
늘 홀로 흘리는 눈물

자꾸만 흐르는 눈물에
마음의 시름이 커지면

올려다보는 저 높은 곳
우리 주님이 계시는 곳

주님만 믿고 의지하며
남은 생애를 믿음으로

같이하실 주님 사랑에
불현듯 힘내는 나의 몸

"여호와를 경외하는 자 누구냐 그가 택할 길을 그에게 가르치시리로다"
(시 25:12)

물리침

마음 안에 뿌리박힌 정직, 정의, 의리, 신념
나도 모르게 높아진 육적 자아, 자긍, 자만

마음을 조정하는 불평불만 가나안 칠족들
그림자같이 붙어살며 부추기는 자화자찬

우리 안에 숨어사는 고정관념, 부정불의
믿음으로 물리치는 능력만 오면 이겨지는

거친 본성을 갈아엎는 믿음의 선한 싸움
이겨지면 넓어지는 영적 지경, 심령의 땅

"내가 오만한 자들에게 오만하게 행하지 말라 하며 악인들에게 뿔을 들지 말라 하였노니"(시 75:4)

주님밖에

그 어디 반기는 이 없고
마음 붙일 곳 없다 주님밖에

그 어디 마음 가는데 없고
마음 향할 데 없다 주님밖에

그 어디 마음 주는 이 없고
내 마음 갈 곳 없다 주님밖에

그 어디 의지할 곳 없고
내 속 아는 이 없다 주님밖에

그 어디 갈 곳이 없고
믿을 곳이 하나 없다 주님밖에

"이르되 여호와는 나의 반석이시요 나의 요새시요 나를 위하여 나를 건지시
는 자시요"(삼하 22:2)

헛되나

해가 지는 오늘도 어떻게 지냈는지
하루 종일 시간은 가고 또 가는데

무심히 살아가는 오늘 하루 속에
지나가는 시간이 헛되고 애달파도

믿음만 생각하면 소망찬 나의 마음
주님만 떠올리면 설레는 생애 속에

믿음의 열매들이 알알이 익어가는
오늘 하루 이 기쁨 주님의 참 은혜

"사람은 헛것 같고 그의 날은 지나가는 그림자 같으니이다" (시 144:4)

보화

예쁜 꽃들이 자태를 뽐낼 때면
꽃을 보면서 힘내는 내 마음

착하고 순결한 꽃들을 보면서
예쁜 꽃들로 행복한 나의 하루

그곳에

믿음으로 살아가다 솟는 은혜
믿음 소망 사랑이 들어만 오면

풍성한 믿음 열매가 마음 가득
믿음 지식 지혜가 늘 한가득

"내가 이것을 너희에게 이름은 내 기쁨이 너희 안에 있어 너희 기쁨을 충만하
게 하려 함이라"(요 15:11)

갈증

애굽에서의 탄식
죄인이 가는 곳 그 어디인지

광야인의 방황
험한 세상 나 어찌 살아가나

가나안의 소망
주님 밖에는 참 기쁨 없어요

그리고

내 생의 갈등
나는 왜 늘 고단하고 아픈지

내 마음의 탄식
나는 왜 허전한지 목마른지

내 영혼의 갈망
제겐 오직 주님밖에 없어요

"여호와는 나의 빛이요 나의 구원이시니 내가 누구를 두려워하리요 여호와
는 내 생명의 능력이시니 내가 누구를 무서워하리요"(시 27:1)

좁은 길

누구도 바꿀 수 없는
높은 왕 곧은 자아가

철병거처럼 완벽하게
사람 품격을 점령해도

걸러내고 쳐부수면서
싸우며 가는 믿음 길

늘 마음에 일어나는
수 없는 정복 전쟁에

마음은 아파 멍드나
시련 속에 솟는 희열

이길 때면 오는 은혜
믿음 안의 평화, 평안

"좁은 문으로 들어가라 멸망으로 인도하는 문은 크고 그 길이 넓어 그리로
들어가는 자가 많고"(마 7:13)

329

별

별들이 환하게 빛이 나는
찬란한 밤하늘 빛난 날에

별을 반기는 나의 눈에도
불시에 빛나는 별이 되어

별처럼 초롱초롱 빛내며
빛나는 맘으로 살고 싶어

별들이 하늘을 수놓으며
어두운 마음을 밝혀 주면

별들을 향한 빛나는 마음
나도 별처럼 빛나게 밝게

세상을 밝히는 빛이 되어
날마다 빛처럼 살고 싶어

"예수께서 또 말씀하여 이르시되 나는 세상의 빛이니 나를 따르는 자는 어둠
에 다니지 아니하고 생명의 빛을 얻으리라"(요 8:12)

번지고

우리 표정 닿는 곳마다 웃음이 얼굴에 묻어나면
집안을 밝히는 그 웃음에
슬픈 마음도 환하게 변하고

우리 마음 닿는 곳마다 기쁨이 마음에 스며들면
주위를 밝히는 그 기쁨에
아픈 마음도 기쁨이 번지고

우리 생각 닿는 곳마다 삶 속에 활력이 묻어나면
어둠을 밝히는 그 활력에
곤한 마음에 소망이 생기고

우리 시야 닿는 곳마다 빛들이 마음에 들어오면
영혼을 밝히는 빛으로
어두운 마음도 맑아져 기쁘고

"참고 선을 행하여 영광과 존귀와 썩지 아니함을 구하는 자에게는 영생으로
하시고"(롬 2:7)

힘

마음이 공허하고 스산한 하루도
주님만 계시면 소망이 생겨요

세상의 모든 일 곤하고 힘드나
믿음만 있으면 평안이 스며요

마음은 약하고 능력은 적으나
주님만 바라면 저절로 힘나요

사람은 멀고 주위는 울적해도
주님만 믿으면 마음이 펴져요

"나의 영혼아 잠잠히 하나님만 바라라 무릇 나의 소망이 그로부터 나오는도
다"(시 62:5)

허물

이 세상은 불투명해
앞날은 보이지 않아도

모든 문제 해결은
주님 주신 믿음 안에서

곤궁한 나의 사람이
마음 시선을 바로하고

주님을 바라보면서
간절하게 드리는 기도

이 죄인의 가는 길
저로 보게 해주소서

이 죄인이 할 일들
저로 알게 해주소서

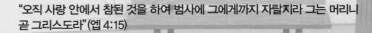

"오직 사랑 안에서 참된 것을 하여 범사에 그에게까지 자랄지라 그는 머리니
곧 그리스도라"(엡 4:15)

붉은 꽃

한 겨울 날마다 쉬지 않고
창가에 피어있는 고운 꽃

착하게 고은 웃음 지으며
하늘하늘 네 자태 뽐내며

외로운 마음 위로해 주는
그 맘 곱고 예쁜 붉은 꽃

아기처럼 순한 미소 속에
예쁘게 자라는 착한 얼굴

아름답게 빛나는 모습에
위로받고 사는 나의 영혼

"내가 사람의 방언과 천사의 말을 할지라도 사랑이 없으면 소리 나는 구리와
울리는 꽹과리가 되고"(고전 13:1)

흰구름

구름아 너 지금 어디로 가니
흰구름 하늘높이 떠다니면서
맑은 하늘 예쁘게 수놓는 너

하얀 구름아 너 어디로 가니
흰구름 하얀 배에 몸을 싣고
허공을 누비는 하얀 돛단배

아름다운 이 세상 유람하면서
믿음으로 그 은혜 맘껏 누리며
햇살처럼 퍼지는 사랑 속에서

믿음 파도 몸을 묻고 헤엄치며
기쁘게 즐겁게 시공을 떠돌며
힘차게 나가네 하늘을 오르네

"주 안에서 항상 기뻐하라 내가 다시 말하노니 기뻐하라"(빌 4:4)

생명

어디서나 날마다
주님을 생각할 때마다
생각나는 주님의 말씀

나는 부활이요 생명이니
나를 믿는 자는 죽어도
살겠고 (요 11:25)

주여 영생의 말씀이
주께 있사오니 우리가
누구에게로 가오리까 (요 6:68)

말씀에 힘을 얻고
말씀에 목숨 걸고 싶은
우리 신앙 믿음 안에서

사나 죽으나 주님만
믿고 살아가는 성도들
믿음으로 사는 복된 우리

"생명으로 인도하는 문은 좁고 길이 협착하여 찾는 자가 적음이라" (마 7:14)

감사해

알게 모르게 마음으로
믿음을 생각해 보다가

여기까지 인도해 주신
주님이 너무도 감사해

나도 기뻐 눈물 나면
흐려진 시야로 보이는

그 새 빛이 너무 찬란해
우울한 마음 다해서

주님을 그리고 그리다
은혜로 물드는 순간

영혼은 밝게 빛내며
하늘로 날아 오르네

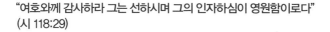

"여호와께 감사하라 그는 선하시며 그의 인자하심이 영원함이로다"
(시 118:29)

337

구주

갈대보다도 못한 사람이
주님을 믿는 은혜의 특권

죄 투성이 못난 육신이
주님을 알기를 늘 원하나

묻혀온 흙먼지만도 못한
육신 한계 속에 살아가는

그 나를 신비하게 오시어
안아주시는 우리 예수님

못난 나를 감싸고 아시는
정이 많으신 우리의 주님

친한 사람 외면치 않고서
은혜 주시는 사랑의 주님

"만일 우리가 우리 죄를 자백하면 그는 미쁘시고 의로우사 우리 죄를 사하시
며 우리를 모든 불의에서 깨끗하게 하실 것이요"(요일 1:9)

생수

영혼의 참 생수가 너무도 아쉬운 날
우물 향해 뛰어가 물을 길어 보지만

길어 올린 물마다 구정물만 올라와
목이 마른 사람이 물을 긷고 길으며

생명 샘물 먹어야 살아나는 내 영혼
말씀 생수 마시다 깨어나는 내 믿음

날마다 먹고 싶은 생명의 주님 말씀
믿음으로 마실 은혜 생수 생명 강수

"예수께서 이르시되 나는 생명의 떡이니 내게 오는 자는 결코 주리지 아니할
터이요 나를 믿는 자는 영원히 목마르지 아니하리라"(요 6:35)

거룩한 빛

밝고 밝은 태양이 떠오르면
소망 찬 하루 속에 들어오는
새 하루 새 세상 새 삶 속에

삶의 모든 희로애락 딛고서
성공위해 나가는 우리 인생
해 아래 사는 성실한 사람들

그러나

영혼 안에 비치는 생명의 빛
말씀 능력 보혈의 공로 속에
성도들 인도하는 거룩한 빛

빛 속에 찬란한 생명 기운이
별똥같이 우수수 쏟아지면
그 힘으로 사는 복된 우리

"나는 빛으로 세상에 왔나니 무릇 나를 믿는 자로 어둠에 거하지 않게 하려
함이로라"(요 12:46)

동산으로

나의 사랑아
따스한 햇볕이 내리쬐는
그 찬란한 생명 동산으로
우리 기쁘게 발을 맞추어
어서 일어나 정답게 가자

따스한 바람이 솔솔 부는
사랑의 흐름이 넘치는 곳
풀 향기 그윽한 동산으로
어서 일어나 속히 나가자

나의 사랑아
이번 봄이 지나가기 전에
꽃 향기 흐르는 평강 동산
손뼉 치고 노래 부르면서
어서 일어나서 함께 가자

늘 삶의 기쁨과 소망있는
마음 평안이 스미는 그곳
깊은 은혜 성령 동산으로
어서 일어나 같이 나가자

"북풍아 일어나라 남풍아 오라 나의 동산에 불어서 향기를 날리라 나의 사랑
하는 자가 그 동산에 들어가서 그 아름다운 열매 먹기를"(아 4:16)

생명 나라

할 일 없이 여기저기
살펴보고 망설이며

쓸데없이 의미 없이
이곳저곳 쳐다보는

돌고 도는 하루살이
인생무상 삶 속에서

끊임없이 주님 따라
가야 할 영광 나라

모두 같이 발맞추어
함께 갈 생명 나라

"우리가 그를 힘입어 살며 기동하며 존재하느니라 너희 시인 중 어떤 사람들
의 말과 같이 우리가 그의 소생이라 하니"(행 17:28)

무익

그 어디를 가도 허전한 마음
무엇도 채울 수 없는 공허한 육신

무슨 일을 하면서도
사방을 둘러보아도 속되고 빈 육신

애쓰고 애를 써도 안 되는
마음의 한기가 가득한 허탄한 육신

끝없이 한없이 허전하고
참고 참아도 소용없는 무익한 육신

외롭게 가는 이 세상 길
유익만 챙기다 비어버린 헛된 육신

"존귀하나 깨닫지 못하는 사람은 멸망하는 짐승 같도다"(시 49:20)

성령이여

성령이여 오소서 비고 빈 제 마음에
바람처럼 날빛처럼 비밀한 사랑으로

거룩한 믿음 진리 안에 살게 하려고
이 땅에 오시는 구원의 주님이시여

성령이여 오소서 추하고 굳은 마음에
제비같이 훨훨 씩씩하게 높이 날아서

따스한 사랑 안고 공허한 마음 안으로
햇빛같이 새빛같이 어서 속히 오소서

"오직 성령이 너희에게 임하시면 너희가 권능을 받고 예루살렘과 온 유대와
사마리아와 땅 끝까지 이르러 내 증인이 되리라 하시니라"(행 1:8)

믿으면

주와 같이 귀한 분 어디에 있나
죽을 나 살리시려 육신 입고서

죽으면 살고 살면 죽는 협착한
믿음으로 가는 길 보여주시며

오늘도 따라오라고 손짓하시는
주님 은혜로 가는 아름다운 곳

주님이 주신 영광된 은혜의 길
주님을 따르면 사는 생명의 길

믿으면 소생하는 주님 사랑 길
따르면 복을 받는 영생복락 길

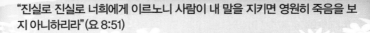

"진실로 진실로 너희에게 이르노니 사람이 내 말을 지키면 영원히 죽음을 보
지 아니하리라"(요 8:51)

가고 싶은 곳

내 육신은 할 일 없이
들로 산으로 헤매고

바람 따라 정을 따라
온 세상을 누비지만

강물처럼 깊고 푸른
주님 생명이 스민 곳

빈 마음이 가고 싶은
아름다운 사랑 나라

박자 맞추어 춤추며
주님을 맘껏 누리며

기쁨으로 가고 싶은
영광스런 주님 나라

"그들이 주를 앙망하고 광채를 내었으니 그들의 얼굴은 부끄럽지 아니하리
로다"(시 34:5)

감동

먹는 것마다 마시는 것마다
보는 것마다 느끼는 것마다

앉아 있든지 어디가 있든지
하늘의 많은 복 헤아리다가

주님의 사랑에 마음 삭이며
눈시울이 젖어 낯을 붉힐 때

뜨거운 은혜에 마음 벅차서
감사 감동하는 못난 사람이

믿음의 순종으로 나갈 때면
신속히 오시는 우리의 주님

"수금으로 여호와께 감사하고 열 줄 비파로 찬송할지어다" (시 33:2)

사랑 눈

아무리 사랑해도
돌아오는 무소식

날마다 따라가도
아무것도 모르는

무심한 시선 속에
멍드는 나의 감정

그러나

사랑 눈이 뜨여서
보이는 나의 생각

믿음 없이 살아온
미운 얼굴 내 얼굴

주님을 의지하다
켜가는 나의 믿음

"시몬 베드로가 이르되 주여 어디로 가시나이까 예수께서 대답하시되 내가
가는 곳에 네가 지금은 따라올 수 없으나 후에는 따라오리라"(요 13:36)

선물

마음에 설레는
아름다운 주님 은혜와

주님의 사랑 속에
날마다 자라는 내 영혼

쓸쓸한 인생과
빈곤하고 낮은 처소에

홀연히 오시어
안아주시는 주 예수님

신속하게 은밀하게
구원 선물 가득 안고서

날마다 오시어
사랑 주시는 주 예수님

"내가 그들에게 영생을 주노니 영원히 멸망하지 아니할 것이요 또 그들을 내 손에서 빼앗을 자가 없느니라"(요 10:28)

349

예수여

오늘도 생애 소망 예수님
나의 전후를 항상 돌보고
나에게 힘을 주시는 주님

예수여 부활 생명 예수님
나의 앞뒤를 늘 보호하사
나의 능력이 되어주소서

예수여 영혼 구원 예수님
마음의 기도 항상 들으사
내 소원을 들으시는 주님

예수여 소망 능력 예수님
마음이 흔들리고 떨릴 때
저의 방패가 되어 주소서

"하나님은 죽은 자의 하나님이 아니요 살아 있는 자의 하나님이시라 하나님
에게는 모든 사람이 살았느니라 하시니"(눅 20:38)

돌이키자

우리들 가진 모든 것
많고 많아서 자랑할 것 많아도
육신의 주인 계신 것 잊지 말자

이 세상 즐거움과
세상 부귀영화가 아무리 좋아도
영혼의 주님 앞에 마음을 모으자

오늘 하루 삶 속에
세상 즐거움만 늘 찾아다니지만
구원의 주님께 마음 모아 드리자

우리 삶의 행복과
갖고 싶은 좋은 것 많고 많아도
생명의 주님께 마음을 돌이키자

"너희는 이 세대를 본받지 말고 오직 마음을 새롭게 함으로 변화를 받아 하나
님의 선하시고 기뻐하시고 온전하신 뜻이 무엇인지 분별하도록 하라"(롬 12:2)

나의 주

주님은 나의 소망되니
제가 어디로 가오리까

주님은 나의 은신처요
나의 능력 나의 생명

주님은 나의 피난처요
나의 기쁨 나의 영광

주님 계셔서 맘 기쁘고
주님 믿기에 마음 편한

생명 주신 주님을 알고
은혜의 주님을 아는데

구원의 주님 외면하고
제가 어디로 가오리까

"너희 권능 있는 자들아 영광과 능력을 여호와께 돌리고 돌릴지어다"
(시 29:1)

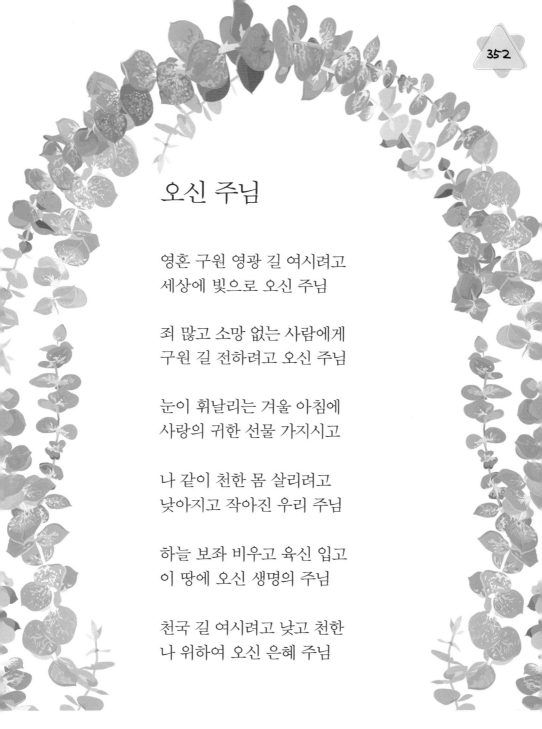

오신 주님

영혼 구원 영광 길 여시려고
세상에 빛으로 오신 주님

죄 많고 소망 없는 사람에게
구원 길 전하려고 오신 주님

눈이 휘날리는 겨울 아침에
사랑의 귀한 선물 가지시고

나 같이 천한 몸 살리려고
낮아지고 작아진 우리 주님

하늘 보좌 비우고 육신 입고
이 땅에 오신 생명의 주님

천국 길 여시려고 낮고 천한
나 위하여 오신 은혜 주님

"하나님이 세상을 이처럼 사랑하사 독생자를 주셨으니 이는 그를 믿는 자마
다 멸망하지 않고 영생을 얻게 하려 하심이라"(요 3:16)

353

은총

주님 사랑이 강물같이 흐르면
믿음도 말씀도 은혜도 새로워

빛처럼 내려오는 생명 맛 속에
내 마음 내 삶은 소망이 넘치네

주님 사랑이 광풍같이 임할 때
평화 평안이 물밀듯 넘쳐나면

영혼은 하늘을 나는 새와 같이
높이 나네 늘 높이 솟아오르네

"너는 하나님과 화목하고 평안하라 그리하면 복이 네게 임하리라"(욥 22:21)

간절히

생명의 말씀에 올인하며
말씀으로 시작하는 하루

생명의 말씀에 목축이고
말씀 속에서 살아가다가

은혜의 말씀에 감동하고
생명의 단맛으로 커가는

미천한 사람이 사모하는
하늘의 양식인 말씀 듣고

말씀 속에 매일 파묻히면
회복되는 진미 영적 지식

"대저 지혜는 진주보다 나으므로 원하는 모든 것을 이에 비교할 수 없음이니
라"(잠 8:11)

그리운 나라

전날에 들은 말씀이 생생한
주님의 음성이 아쉬운 밤에
마음속에 그리는 믿음 나라

외로운 생애의 탄식 속에서
애타게 울어도 만날 수 없는
아득하고 멀기 만한 그 나라

그립고 그리운 주님의 나라
들어가 살고 싶은 은혜 나라
가고 싶어도 안되는 그 나라

내 영혼이 늘 가고픈 그 곳
육신이 쇠하도록 가고 싶은
주님 사시는 아름다운 나라

"사랑하는 자들아 너희는 너희의 지극히 거룩한 믿음 위에 자신을 세우며 성
령으로 기도하며 …영생에 이르도록 우리 주 예수 그리스도의 긍휼을 기다
리라"(유 1:20–21)

하얗게

겨울의 하얀 눈송이가
하얗게 하얗게 내리면

마음에도 하얀 보화가
하얗게 소복이 쌓이네

추운 겨울 하얀 눈송이
하얗게 쌓이는 날이면

하얀 옷 입은 천사들이
험한 세상의 빛이 되어

어둔 이 땅을 흰빛으로
하얗게 곱게 수놓으면

하얗게 보이는 시야에
하얗게 변하는 내 얼굴

"너희는 나에게 거룩할지어다 이는 나 여호와가 거룩하고 내가 또 너희를 나
의 소유로 삼으려고 너희를 만민 중에서 구별하였음이니라"(레 20:26)

예배

미천한 육신 몸 둘 곳 없어
구석 뒷자리도 감사드리면

추하고 낮은 마음 안으로
곧 찾아오시는 나의 주님

더러운 죄의 쓰레기 치우며
주님 은혜를 사모하는 순간

잠잠히 아래로 낮아지다가
은혜 웅덩이에 푹 빠질 때면

생명 샘물이 가득 넘치면서
마음 낮추고 몸 낮추는 곳에

선물 들고 오시는 나의 주님
사랑 갖고 오시는 우리 주님

"하나님은 영이시니 예배하는 자가 영과 진리로 예배할지니라"(요 4:24)

갈망

풍랑이 이는 거친 바다를 바라볼 때
생각나는 주님 말씀 너는 저를 두려워하지 말라

큰 산 큰 바위의 위엄이 날 위협할 때
생각나는 주님 말씀 너는 오직 나만을 의지하라

푸른 숲 짙은 녹음에 마음 취할 때면
생각나는 주님 말씀 나는 너를 많이 기뻐하노라

동산에 서서 어여쁜 꽃을 바라 볼 때면
생각나는 주님 말씀 나도 너를 많이 사랑하노라

"하나님이여 사슴이 시냇물을 찾기에 갈급함 같이 내 영혼이 주를 찾기에 갈
급하니이다"(시 42:1)

만일

만일 당신이
영성의 골짜기를 통과한다면
깊고 달콤한 천상의 맛을 맛볼 것입니다

만일 당신이
영성의 깊은 곳에 다다른다면
벅차고 진솔한 진리 맛을 맛볼 것입니다

만일 당신이
영성의 낮은 곳에 내려간다면
하늘 열매로 그 영혼은 만족할 것입니다

그러나 당신이
영성의 깊은 맛을 맛본 후에는
그대는 무엇 할 것인지 생각해 보세요

"나 곧 나는 여호와라 나 외에 구원자가 없느니라"(사 43:11)

귀향

돌아오라 술람미여
네가 하는 일들 무엇인지 살펴보고
사랑의 주님께 속히 나아오라

돌이켜라 술람미여
만금보다 더 귀한 네 영혼 생각하고
구원의 주님께 마음을 돌이켜라

돌아보라 술람미여
모든 삶의 욕망들 헛됨을 깨닫고서
생명의 주님께 빨리 속히 오라

속히 오라 술람미여
목숨같이 소중한 네 육신 돌아보고
은혜의 주님께 어서 돌아오라

"돌아오고 돌아오라 술람미 여자야 돌아오고 돌아오라 우리가 너를 보게 하
라 너희가 어찌하여 마하나임에서 춤추는 것을 보는 것처럼 술람미 여자를
보려느냐"(아 6:13)

낮은 길

믿음으로 가는 길은
세상 지혜, 지식, 재능 모두
뒤로하고 가는 낮고 낮은 길입니다

믿음으로 가는 길은
세상 부귀영화 명예 모두
딛고 넘으면서 가는 낮은 길입니다

믿음으로 가는 길은
세상 시련 시험 넘고 넘으며
천한 마음으로 가는 낮은 길입니다

믿음으로 가는 길은
생애 욕망 욕구 뒤로하면서
육신 자랑 버리고 가는 낮은 길입니다

"죄의 삯은 사망이요 하나님의 은사는 그리스도 예수 우리 주 안에 있는 영생
이니라"(롬 6:23)

드리면

무엇 나타낼 것 없고 무엇 드릴 것이 없다
오직 마음만 드렸는데 주시는 주님의 은혜

나 아무 일한 것 없고 희생이 하나 없는데
다만 중심만 드리면 주시는 주님의 참사랑

나 세운 공로 전혀 없고 잘 한 것도 없는데
주님의 영광을 갈망하는 우리 맘 드린다면

내려오는 주님의 선물 들어오는 주님 은혜
깊어지는 기쁨 열매 크는 영적 지혜와 지식

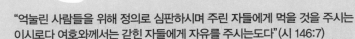

"억눌린 사람들을 위해 정의로 심판하시며 주린 자들에게 먹을 것을 주시는
이시로다 여호와께서는 갇힌 자들에게 자유를 주시는도다"(시 146:7)

낮춤

죽은 자처럼 반응 없이 죽은 자처럼 살아가며
죽은 자처럼 죽은 듯이 죽은 자처럼 낮아지며

죽은 자처럼 포기하고 죽은 자같이 잠잠하며
죽은 자처럼 소리 없이 죽은 자되어 가고 싶은

죽은 자처럼 나가려면 죽은 자처럼 낮추면서
죽은 자처럼 죽어져서 죽은 자되어 사는 믿음

죽은 자처럼 내려놓다 죽은 자가 누리는 자유
죽은 자처럼 죽어지다 죽은 자가 느끼는 평안

죽은 자가 되어서 죽은 자가 맛보는 그 세계
죽은 자가 그리며 죽은 자가 가고픈 그 나라

"지혜 있는 자의 교훈은 생명의 샘이니 사망의 그물에서 벗어나게 하느니라"
(잠 13:14)

비움

그동안 내 힘으로 나가다가
속절없이 가버린 세월

내 힘으로 나가다가 어느 덧
쇠해가는 우리 육신

나의 힘만 믿고 살아가면서
비어버린 나의 영혼

그리고

나를 버린 후 오는 그 기쁨
주님의 말씀 은혜

그 영혼이 나날이 맑아지면
솟는 하늘, 평안, 평화

추한 육신도 주님을 믿으면
오는 선물 청결한 마음

"내가 무엇을 가지고 여호와 앞에 나아가며 높으신 하나님께 경배할까 내가
번제물로 일 년 된 송아지를 가지고 그 앞에 나아갈까"(미 6:6)

감사 기도

주님 제가 무엇인데 오늘도 저를
돌보아 주시나이까

약하고 곤하게 살아온 외로운 삶
어디 내놓아도 드러낼 것이 없는
못난 사람을 사랑해 주시는

주님 제가 무엇인데 오늘도 저를
여기에 이르게 해 주시나이까

슬프고 외로운 삶 속에서 주님을
생각하면 눈물 나고 주님 떠올리면
마음 아픈 저를 돌보아 주시는

주님 제가 과연 무엇인데 이토록
저를 사랑해 주시나이까

"나의 반석이시요 나의 구속자이신 여호와여 내 입의 말과 마음의 묵상이 주님 앞에 열납되기를 원하나이다"(시 19:14)